鉄骨造入門

設計の基本とディテール

［改訂第三版］

伊藤高光・古谷幸雄・武田照雄 著

装丁：水野哲也（Watermark）

まえがき

「鉄骨造入門」は，鉄骨造を構造力学の面から取り上げたものでなく，設計一般の面からその全体を解説するもので，次の3章からなる。

I 鉄骨造の概要
鉄骨造の構造軀体について解説するもので，鋼材の材質と構造上の特性，一般構造としての架構形態，継手や仕口の接合方式とその規定，鉄骨造の特徴である溶接接合，標準的な構造ディテールなどを記載し，さらにモデル平面をもとに起こした一般図，構造図を挿入して設計実務の参考としている。

II 部位別ディテール
鉄骨造の構成要素を部位別に解説したもので，軀体，下地，仕上材の取合いと納め方，比較的標準化されたディテール，鉄骨造に多く採用されているパネルの取付け詳細とその規定，耐火被覆などが記載されている。

III 鉄骨造の工程
写真やイラストを挿入して，鋼材加工から軀体建方までの工程とALC版の工事工程を解説し，鉄骨造をより理解しやすいよう考慮した。

鉄骨造は，巨大な架構や超高層からごく小規模な建物まで，その規模はその他の構造体と比較して非常に広範囲にまたがるが，本書は入門書として中小規模鉄骨造を対象として扱っている。

鉄骨造建築は，今日の建築生産の工業化を推進した構造体として，いちじるしい発展と普及をとげた。特に，工場生産による鋼材材質の精度向上，加工工作の画期的機械化，溶接技術の進歩，さらに，プレファブ工法による現場スペースの合理化と現場作業の能率化，総合的な経済性などはその他の構造体をしのぐ長所とされている。

もちろん，鉄骨造は構造体としてすべての条件を満足するものではないが，今後のたゆみない技術開発により，ますますその需要は急増するものと思われる。したがって，鉄骨造設計は設計業務のなかで大きな比重を占めることになるであろう。

鉄骨造設計は初心者にとって取り付きにくい分野とされている。それは軀体が鉄筋コンクリート造のような一体構造でなく，複雑，多様な架構形態からなる点と，同じ架構体でも木造のように定着した標準ディテールにとぼしい点からであろう。

本書が，鉄骨造を設計するための一つの鍵となり，今後の課題として，さらに新しい鉄骨造ディテールの追求に役立つことを期待するものである。（初版：伊藤高光著（山下登・松本健輔協力），1982年7月10日発行）

伊藤高光

改訂第二版によせて

本書は初版発行以来すでに四半世紀もの歳月を経ている。この間多くの読者に愛読されてきたのは，この本の構成のユニークさであり，設計の基本から部位別ディテール，その工程までが丁寧に図解で記述されていることから，設計実務者の座右の書とされてきたのであろう。

しかし本書の改訂は1993年に一度行われたのみで，昨今のめまぐるしい法改正，規準等の改正などに対応し得ていない部分が多くなっていた。そんななか原著者の伊藤高光氏が2007年に他界されてしまった。このたび彰国社からの依頼により，伊藤氏が果たし得なかった不備な部分の補填を同じ仲間としてお引き受けすることになり，さらに構造領域のチェッカーとして武田照雄氏の参画を仰いで改訂作業に入った。改訂にあたっては，極力この本の良さを残しながら，現在の法規や規準類等に合致した内容にするように心がけた。すなわち，耐火構造規定改正に伴う各部記述，詳細図，溶接基準部分，応力，耐力等のSI単位対応，性能規定化に伴う通則指定部分，各部位，各部の石綿材使用部分，などの見直しが今回の主な改訂内容である。

初版の「まえがき」にあるように，今後とも本書が多くの読者に活用され，鉄骨造建築の設計やディテールの構築にお役立ていただければ幸いである。

2008年8月

古谷幸雄

改訂第三版によせて

第二版刊行からすでに8年を経た。本書が設計実務書である以上，法令の改正や新基準の施行は速やかに反映されていなければならない。これまでにも，大きな災害の後には必ず構造や工法関係の改正，技術基準等の変更追加がなされてきたが，2011年の東日本大震災も例外ではない。今回第三版の改訂に至った理由は，新たに付け加える内容が生じたことと，前に遡って加筆訂正が必要になったためであり，武田照雄氏と分担して改訂にあたった。主な内容には，建築物の天井に特定天井の規定が設けられ，地震による天井や設備等の脱落の防止対策の具体的内容がある。次の細かいところで，鉄骨部材の溶接加工，組立てに関するリストの見直しと指針の変更，追加への対応である。また，掲載されている表類も同様に見直しを行い，必要に応じて追加訂正した。

本書は鉄骨造設計の基本的な実務書としては相当密度が高い。今後とも，読者の方々には十分に活用していただけるものと考えている。

2016年5月

古谷幸雄

目 次

鉄骨造とは――序にかえて　6

I　鉄骨造の概要　9

架構種別　10
基　礎　14
柱・梁　18
壁軸組　31
屋　根　33
接　合　35
参考図による解説　39

II　部位別ディテール　45

ディテール部位分類表　46
床　47
壁　60
開口部　71
天　井　79
屋　根　88
階　段　97
耐火被覆　104
雑詳細　110

III　鉄骨造の工程　117

鉄骨造とは──序にかえて

わが国の鉄鋼産業の画期的な高度成長は，世界的水準に鉄鋼生産高を達成させ，また，技術開発による鋼材の高性能の高度化や製品種目の多様化は，各部門の産業界に鉄鋼の需要度を倍増させた。特に，建築部門における鉄骨造の著しい進出と普及は，その生産形態と構成機構のプレファブ的特質が，現代社会の要請する建築生産の工業化に合致した点にあると思われる。今後，鉄骨造は多岐に亘って一般化し，設計の機会も増すであろう。
そこで本書は，鉄骨造設計のディテール部門の基礎的入門書として，一般的な中小規模鉄骨造建築の場合を対象に，構造および構造ディテールの解説を交えて，軀体・下地・仕上げの基本的な「納まり」と，各部位別の標準ディテールを取り上げ，鉄骨造ディテールの特性を認識できるよう配慮した。
鉄骨造ディテールの設計は，その基礎知識として，鉄骨造の体質を正確に把握することから始まる。これは大別すると，鋼材の材質的特性，構造体としての特性に区分される。

鋼材の材質的特性

(1) 鋼材は工場生産されるので，形状・性能とも規格化され，材質が均一性をもつことから，強度や性質が比較的明確である。
(2) 鋼材は，他の構造材に比較して強度が大きいので，断面が小さくてすむ。
(3) 鋼材は，弾性・靱性に富むうえ，強度も高く，合理的な建築構造材といえる。
(4) 鋼材は，不燃であるが耐火性に劣る。鋼材は，高熱により急激に応力度が低下する性質をもつ。火災時，架構材としての応力に対応不能となった場合，変形・座屈などの現象を起こし，構造材としての機能を失う。これが耐火被覆を必要とするゆえんである。
(5) 大気に接する金属は，大気中の酸素・水分と化合して，金属との酸化物，水酸化物，炭酸塩などを混合した生成物として錆を発生する。鉄材の錆の場合，酸化第一鉄（赤錆），酸化第二鉄（黒錆）の2種類があるが，赤錆は鉄材の内部にまで侵食して構造上の欠陥となることもある。また，異種金属が接している箇所に水が介入すると，水を媒介として電池現象が起こり，電位の低いほうの金属が化学変化して徐々に溶解腐食する電食作用を生じる。電位の低いほうから高いほうへ列挙すると，Mg—Al—Mn—Zn—Cr—Fe—Co—Ni—Pb—Cu—Au となる。

金属発錆の条件として，
① 大気腐食／雨，雪，結露などの水が原因
② 酸・塩類腐食／工業地帯の亜硫酸ガス，硫酸ガス，海岸地方の塩風，海水などが原因
③ 電食
④ 土壌腐食／土壌中の水分，バクテリヤなどによる局部的な腐食
などがあげられる。
以上の発錆条件のなかで，水と酸素だけによる大気腐食が最も多く，一般的な現象である。したがって，防錆対策の基本は水との接触をいかに回避させるかにある。
(6) 鋼材は，温度差による膨張・収縮・結露などの現象に比較的敏感に作用する。
(7) 鋼材は，材質的に現場での後加工がしにくいので，他の構造材より緻密な施工精度が要求される。
(8) 鋼材は，他の材料との結合が容易ではない。

構造体としての特性

(1) 鉄骨造の主体である鉄骨工事を取り上げてみると，鋼材そのものが一度工場生産された製品であり，構造部材としての工作・加工や防錆塗装も工場で行われる。現場での作業は，搬入された構造部材を組み上げる建方から始まる工程をとるので，軀体そのものがすでにプレファブシステムから成立する。したがって，その後の仕様も同じ構成を採用するのが最も自然であり，構造体の特性を生かした方法といえよう。鉄骨造は他の構造体に比較して，プレファブ工法に基本的に適した構造体である。プレファブは，現代社会が要求する建築生産の工業化そのもので，現場作業の軽減，現場スペースの能率化，工期の短縮など，過密化する都市建設の現状にマッチした合理的な構成工法である。
(2) 小規模な店舗ビルから大スパン建造物や超高層ビルにいたるまで，他の構造体では不可能な規模・範囲の幅と形態の多様性をもつ。
(3) 中小規模の建物の場合，鉄骨造の軽量性は基礎負担を軽減し，杭や基礎の工事規模の経済性につながる。これは工費の節約だけでなく，近隣対策にも有利である。
(4) 鉄筋コンクリート造と比較して，軀体や軸部の架構工法は複雑だが，軀体断面が小さいので空間の「ロス」が少ない。
(5) 鉄骨造と鉄筋コンクリート造は，

構成形態区分から──要素構成と一体構成
構造形態区分から──柔構造と剛構造
となる。
対照的なこの形態は，相互に長所と短所をもつが，一般に，防火性・耐食性は材質の点で，防水性・防音性は一体性の構成によって，鉄筋コンクリート造がすぐれる。したがって，鉄骨造は，その形態上のマイナス面をカバーする設計が必要で，ディテール面でも配慮すべき問題が多い。しかも，鉄骨造のディテールは，複雑を避け，シンプルな納まりが条件となるので，総合的な検討と明快な整理が大切である。
(6) 非耐火性の鋼材を主要構造材とする鉄骨造は，常に耐火被覆の問題が追従する。
(7) 柔構造である鉄骨造の変形は比較的大きいことから，常に変位に対応できる設計を考慮しておくこと。
(8) 集中荷重の負担は，必ず構造軀体にアンカーできるよう，設計段階でチェックする。
以上，鋼材や鉄骨造のおもな特性を列挙したが，鋼材は建築材として無条件に適材とはいえず，構造体としてもカバーすべき幾つかの問題点をもつことが理解されたと思う。これらの点をふまえて，建築性能の見地から鉄骨造ディテール設計のポイントを示す。

ディテール設計のポイント

耐 火

建築物は，法定防火性能上から，耐火建築物，準耐火建築物（イ準耐，ロ準耐），その他に区分され，それぞれ防火に関する構造規定が課せられている。鉄骨造を上記の建築物に認定させるには，規定の防火処理を必要とし，耐火被覆もそのひとつである。耐火構造とは，建物の階数と部位別に，通常の火災に何時間以上耐えうるかという耐火時間によって区分され，国土交通大臣の指定した構造である。
したがって，耐火被覆の仕様も，耐火時間を基準として国土交通省の告示により指定されている。
被覆材の選択には，建物全体の設計意図を基本に，天井や柱型のデザインも考慮して，吹付材か成型板かを決定する。また，材料の認定番号，認定年月日，品目名，部分，耐火性能の区分などの確認が先決である。耐火被覆の工費に及ぼす影響は，中小規模ほど割高となるので，事前に十分研究して，用途，規模

等に応じた合理的な防火構造を選定すべきである。
内装については，建物の用途，構造，規模によって内装制限の規定があり，許容材料として「不燃材料」「準不燃材料」「難燃材料」が指定されている。内装材の選択にも，国土交通省認定番号の確認が大切である。出火から「フラッシュオーバー」に至る火災成長の過程において，天井材の着火がきっかけとなって，部屋全体に炎が充満する「フラッシュオーバー」現象が発生する。出火から「フラッシュオーバー」までの間隔が初期消火と避難の許容時間を定める目標となる。これが，天井面の防火性を特に重視する理由である。なお，仕上材の性能は，下地材と組み合わさってその効果を完全にするもので，天井における金属下地使用は，今日の常識とされている。

防 水

構造体としての特性で前述したように，鉄骨造の構成は，鉄筋コンクリート造のような継手をもたない一体構成とは異なって，各エレメントを軀体に取り付ける要素構成から成立するので，常にジョイント部分をともない，屋根・外壁の外部構成にしても形態や構成材の扱いは多種多様で，「取付け」「納まり」も，複雑になりがちである。また，柔構造の体質から，比較的大きな変位が予想される。したがって，シンプルにまとめる構成上の整理を土台として，隙間を許されぬジョイントディテールの扱い，変位に対する抵抗または追随の設計などが，鉄骨造の性質をふまえた防水対策の基本といえよう。
鉄骨造の屋根には，葺（ふ）き屋根形式，屋上形式の両方が採用される。葺き屋根は，できるだけ屋根伏をシンプルにしてスムーズな水はけをはかり，勾配も風土条件や葺き材に見合った十分な傾斜をとって水の滞留を避け，風害などの対策も考慮する。また，水漏れは，平坦な部分より軒まわりやドレンまわりなどの隅角や立上がり部分に多いので，設計上の配慮と入念な施工を要する。防水仕様として，鉄骨造の変位に対して追随性に欠けるモルタル防水や塗り厚の薄い塗膜防水は避けるべきである。ジョイント部分に充填されるシーリング材も，鉄骨造の挙動性，パネル構成における長くなりがちな目地，温度変化の大きいわが国の気候性などを配慮して，グレードの高いものを使用することである。

軀体との一体性に欠ける鉄骨造の外壁構成から，そこに取り付けられるサッシの安定が問題となる。地震・風圧などの外力作用による開口部挙動は雨漏りの原因となるので，その開口部規模に見合うパネル補強，間柱，胴縁，方立などの下地補強が必要である。
以上，総合的見地から，鉄骨造はその機構上，高精度な防水処理を要求されるので，防水，シーリング，外装吹付けなどの各材料と施工には，高級な仕様が望まれる。

耐 食

鉄骨造の物理的耐用年数は露出度の高いもので34〜37年（法定＝税制上では鉄筋金コンクリート造と同じ65年）とされている。住宅等小規模の鉄骨造において，軽量鉄骨等が使用されるので，それらを腐食からいかにカバーするかが大きな課題となる。
鋼材の発錆条件として，材質特性の項目で前述したように，大気腐食，酸または塩による腐食，電食，その他があげられるが，水または水を媒介とする場合が最も多い。そこで，防錆は，鋼材そのものを大気中の水分や酸素と直接に接触させない防錆処理，建物としての耐食対策，に大別される。

防錆処理（錆止め）

防錆処理の方法には，防錆塗装と表面処理とがある。

防錆塗装

金属のなかで，特に鋼材の発錆を防ぐため，防錆塗料（錆止めペイント）を鋼材の素地面に直接塗装する方法。鉄骨工事の工作工程のなかでは最後の工程に属する。防錆塗料としては，鉛丹，塩基性クロム酸鉛，鉛シアナミド，ジンククロメートなどを顔料に，ビヒクル（展色剤）には乾性油，フタル酸樹脂ワニス，合成樹脂ワニスを使用したものが用いられる。

表面処理

① めっき方法／亜鉛めっき，ジンククロメートめっき，カドミウムめっき，クロムめっきなど
② 化学的処理方法／パーカーライジングおよびボンデライジング法，溶解鍍金法，メタリコン処理など
③ 金属着色法

建物としての耐食対策

鉄骨造は，水の浸入が考えられやすい要素を多くもつ構成体なので，万一の水漏れに備えて，鉄骨軀体および下地部材の耐食ディテー

ルを工夫する必要がある。
① 鉄骨架構体または部材の組合せのなかで，特に水の滞留しやすい箇所は腐食減厚を考慮して材厚を調整する。また，部材のカットされた小口（こぐち）は，防水塗膜も薄くなりがちなので，水に当たらないように注意する。
② 継手・仕口が複雑な場合は，「水抜き」を設けて水はけをはかるか，または材厚を調整する。
③ 溶接部分は，下地処理の溶解剥離や酸化物の混入などから腐食度が高いので，現場での再生処理や酸化物の清掃が必要となる。また溶接部分の微小な隙間は，毛細管現象による浸水が考えられるので，連続溶接とするか，またはコーキング充填などで密閉する。
④ 金属工事において，庇鼻先，軒天井，樋の支持材などに異種金属を使用する場合，鋼材との接触部に水が介入すると電食現象を起こすので注意すること。
⑤ 軒，庇，バルコニーなどの出や鼻先には，「水切り」を付けて水の回りを防ぐ。
⑥ 支障がなければ，鉄骨造のフレームを露出させたほうが，発錆の早期発見と塗装の再生に有利である。

結 露

鉄骨造にとって，結露は鋼材の腐食に直接関連するので，その処理は重要な課題となる。
結露とは，壁，天井，床などの表面または内部の温度が空気の露点温度以下に下がり，建築材の表面に露を結ぶ作用を指す。一般現象として，外壁まわりの壁面などに，屋外と屋内の温度差と湿度が作用して温度の高い屋内側に結露を生じることは，よく経験させられる。
対策の大要としては，熱を通しにくい材料を用い，湿気を遮断する，通風を良くするなどが考えられる。
結露に備えて，次の点を考慮する。
① 軀体材や下地材は，水はけのよい断面のものを選択し，その構成も極力単純化を検討して，水の滞留しやすい部分をつくらない工夫をする。構造体の集中する箇所は結露しやすい傾向がある。
② 壁体は，軀体との間にクリアランスを設けて，軀体に水の回るのを防ぐ。
③ 結露が予想される部分には，「水抜き」を用意する。
④ 概して，外部に接した北側・西側の壁は結露しやすい。

⑤ 屋根やスラブ下端は天井を張って，適当な空気層を設ける。露出天井は結露対策上避けるべきである。
⑥ 設備計画として，除湿装置，換気装置などを検討する。
⑦ 鉄骨造の階下床は，通常，地盤に接した土間コンクリート扱いが多いが，土間の湿気は柱脚部分の腐食に関連する点から，捨てコンクリート上部に防湿シートを敷き込むなど，透湿の防止を考慮する必要がある。

遮音

音の問題は，年々その要因が多様化・複雑化し，建物をとりまく騒音の氾濫は，いまや社会問題としてその解決を迫られているのが現状である。したがって，建物にはますます高度の遮音性が要求される時代となった。

鉄骨造の構成様式は，各エレメントの組合せから成立し，しかも比較的軽量なパネルが採用される場合が多い。乾式工法では，パネルの製品誤差，作業面での組立て精度などの点で工法そのものが隙間を生じやすいことと，またパネルの軽量性は材質的に大きな遮音効果が期待できない。したがって，鉄骨造は，鉄筋コンクリート造にくらべて構成の一体性とエレメントの重量性に欠ける点で，音（空気伝送音と固体伝送音）の伝播されやすい構造体といえよう。音のコントロールは，外部からの音を遮断し，内部音の透過を防ぐ遮音性と，反響音を減衰させる吸音性とに大別される。

遮音効果を材料別に選択すると，コンクリート，コンクリートブロック，石材などのように，材質が緻密で単位体積当りの重量が大きいほどその効果が大きいとされ，性能は，透過率，透過損失，遮音度として，数値で表わされる。

吸音とは，音のエネルギーを吸収する作用を指し，吸音材は各種の変換機構を備えて，音のエネルギーの一部を熱エネルギーに変換して音を吸収する材料で，その変換機構によって，多孔質型，膜振動型，貫通孔型などの種類に分けられる。

鉄骨造の特性から音の問題を考えてみると次のようになる。

外壁材は，比較的遮音度の大きい材質を選択するか，防音材との併用を考慮する。

室内の間仕切壁は天井面でとどめず，スラブ下端まで伸ばしたものも必要に応じて配置する。

外部，内部とも，隙間に対する検討をディテールに織り込む。

最近鉄骨造の上下階の床の遮音性が問題にされる傾向がある。特に軽量床版として利用されるALC床版の衝撃音（重量，軽量ともに）に対する防音クレームが多発しているので，使用に当たっては床仕上げ，下階の天井仕上げも含めて十分な防音対策をとる必要がある。共同住宅等，防音が求められる用途の建物では，ALC等の床版は避けたほうが懸命である。

次に，遮音データとして，各種壁体の平均透過損失を掲載する。

・コンクリート厚100 両面プラスター仕上厚12—48 dB ・コンクリートブロック厚100 両面プラスター仕上厚15—43 dB ・ALC版（軽量気泡コンクリート版）厚100 両面SMプラスター仕上厚3—43 dB ・ガラスブロック厚95—33 dB ・ガラス厚3—23 dB，厚6—25 dB，厚10—28 dB ・鉄板厚0.7—20 dB，厚4.5—23 dB

木造下地 壁厚仕上材内側で45

・両面石膏ボード厚7 グラスウール厚25充塡—33 dB ・両面石膏ボード厚7—30 dB ・両面合板厚3 ロックウール厚50充塡—27 dB

木造下地 壁厚仕上材内側で100

・両面合板厚4—23 dB

木造下地壁の場合には，下地の形態によって多少の変化がある。以上のデータが示すように，軽量の材料ほど音を透過しやすい。

ディテール設計の意義

建築生産の工業化は，建築構成要素の細部まで大型企業によって製品化され，建築工法は各コンポーネントの組合せによる完全なるプレファブ試行に切り替わりつつある。特に，鉄骨造は軀体そのものの特性がそこにある点から，この傾向が最も顕著で，その反映は設計およびディテール設計のあり方に大きな変革をもたらし，設計は「いかに創るか」より「いかなる製品でまとめるか」にウェイトが絞られ，ディテール設計も設計者が考える分野が減少し，サブシステムから資料として提出された標準詳細，取付け詳細が一般設計にトレースされるケースが多くなった。これは，部分的専門知識の分業化，そのディテールを前提として製造された製品であること，オーダーメイドはコスト面で割高になるこ

と，アフターケアや責任範囲の問題その他，数々の条件から既製品を取り扱う以上必然的な結果といえよう。ここに，ディテールは，考えることをやめて多くの製品ディテールに精通することが能率的・実用的なあり方となってきた。

反面，この傾向は，手作り的な設計個性を徐々に喪失させ，立ち並ぶ建物の個別性はデザインによるものより，極言すれば，取り付けられたコンポーネントのパターン差によるといった現状にまでエスカレートしてきた。ここに至り，設計業務もコンベヤー的にプレファブシステムに追従する安易さを反省し，もっと創作するデザイン，考えるディテールの分野を大切にし，そこに設計個性の意義を見いだす努力をしなければならない。

なお，鉄骨造の一般ディテールは，他の構造体の一般ディテールと比較すると系統的に基準とされるものが少ない。それは急速な鉄骨造の伸展と，軀体軸部の多様性によるものと思われる。

―・―・―・―

本書は，I 鉄骨造の概要，II 部位別ディテール，III 鉄骨造の工程の3章からなる。

I 鉄骨造の概要

鉄骨造の基本構造形態の解説。部位別にその形態，継手や仕口の構造ディテール，鉄骨造独自の工法である接合ディテールなどを取り上げている。また，モデル平面をもとに基本設計図，構造図の一部を起こして具体的な参考図例とした。

II 部位別ディテール

鉄骨造の標準的な仕上げディテールの解説。部位別に軀体，下地，仕上げの関係や納め方を取り上げた。特に，鉄骨造ディテールの特徴が把握できるように留意した。

III 鉄骨造の工程

鉄骨加工工程，現場工事工程の解説。工程表に従って，写真や図解を使ってその工程を掲載した。

〈参考文献〉
『鉄骨精度測定指針』 日本建築学会
『鋼構造設計規準』 日本建築学会
『鉄骨造の設計と詳細』 彰国社
『図説／建築施工入門』 彰国社
『建築施工管理チェックリスト』 彰国社
『デザイナーのための内外装材チェックリスト』 彰国社
渡部景隆・猪郷久義・菅野三郎編著『日本地方地質誌 関東地方』 朝倉書店
松下 進著『日本地方地質誌 近畿地方』 朝倉書店
東京地盤調査研究会編『東京地盤図』 技報堂出版

I

鉄骨造の概要

形鋼の種類

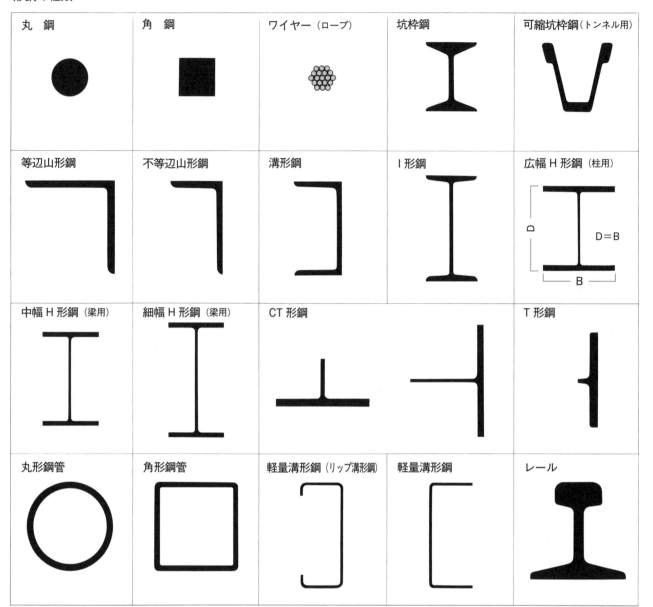

現在，構造材として使用されている鉄は，「鋼」といわれ，炭素の含有量1.7%未満のもので，1.7%以上のものを「鋳鉄」と称する。鉄骨構造に使用する鋼のうち，品質規格SN 400では炭素含有量0.16〜0.24%程度で「軟鋼」と呼ばれる。

鋼材は，他の建築構造材と比較して弾性に富み，強度が高く，靭性が大きい。対比重強度（許容応力度を比重で除した値）では，コンクリートとの比較で約6倍以上，木材とでは約2倍以上である。また，靭性が大きいということは，破壊するまでに消耗されるエネルギーが大きいことを意味し，引張って破壊するまでに20〜30%伸び，粘り強い性質を表わしている。さらに，可塑性があり，引張り・圧縮ともに同強度で，コンクリート材のように圧縮には強いが引張りには極端にもろいということがない。応力度の方向性も均等で，木材のように繊維方向への荷重のかけ方によって強度値が異なるようなこともない。

鋼材は，以上のように強度上のすぐれた性質をもつ一方，腐食しやすく，熱に抵抗性がないという弱点をもつ。すなわち，低温にはもろく，高温では軟化する。300℃以上で強度は半減し，500℃以上では強度の低下が著しく，もはや構造材とはなりがたい。熱に対するこの特性が，建築架構材として耐火被覆を必要とする。

強度が高い材料であるため，他材料では考えられないほど断面が小さい部材となる。これは建物全体の軽量化にはなるが，圧縮材としては座屈，局部座屈など種々の現象を起こしやすくなる。

以上の特性をふまえて，それぞれの弱点をカバーすることにより，長所が生かされ，鋼構造は軽量で丈夫な構造体をつくりうる。

過去の地震波の記録と，それが建物に与えた影響資料の集積をもとに，実際に作用する地震力を分析解析し，また，それらの計算を可能にしたコンピューターの出現によって，建築構造の耐震理論は今日のような進歩をとげた。建物の地震応答解析などから，人間の経験を超えた理論先行による設計が可能となり，ここに超高層建築の実現をみた。

しかし，地震による在来建物の被害状況も複雑化してゆくのが現実であり，「建築基準法施行令」の構造関係の耐震規定が改正されたものが，「新耐震設計法」である。これは従来の弾性設計型から塑性設計型への移行であり，保有耐力と変形能力の両面から建物の耐震性を考えることである。

耐震構造とは，重力に対して地震による水平方向の力が働くのに対抗しうる構造である。この水平力は，水平方向の加速度によって決定し，同じ加速度であれば質量に比例する。つまり，軽量であれば地震力を受けることが小になる。

建物は平面方向，上下階方向ともに剛性バランスがとれ，地震力が局部的に集中しないように設計されたものが耐震的であるといえる。

建築基準法では，平面的バランスを偏心率で，上下階方向バランスを剛性率で表現し，これらの値が偏心率0.15以下，剛性率0.6以上の場合には，耐震性能のチェックとして，許容応力度設計による一次設計の範囲を超えた二次設計による終局強度の安全を確認することになっている。

地震は地盤の振動現象で，地盤により特有の固有振動周期をもっている。建物も地震力が作用すると，それに固有な周期で振動する。この地盤と建物の固有周期の関係と，建物の上下方向の重量分布により，入力加速度が定められる。

一般に，固有周期の短い剛構造では，建物基礎に加わる加速度よりも，より大きな加速度を受ける。固有周期の長い柔構造では，建物基礎に加わる加速度に比べて，そのふえ方が剛構造より少ない加速度しか受けないとされている。鉄骨構造は，鉄筋コンクリート造より固有周期が大きい。あまり大きくすると建物の揺れ，つまり変位が大きくなる。

建築基準法では，この変位を層間変形角で規定し，階高を変形量で割った値を1/200以下，または，変形量に対して特別な措置をした場合は1/120以下までとしている。層間変形角が1/200とは，構造階高が3 mの階では変形量を1.5 cm以下に抑えることを意味する。

鉄骨構造は，その特性として，比較的軽量化が可能で，固有周期の関係から地震力を弱め，または，吸収することと，構造上バランスのとれた設計を考慮することにより，十分な耐震性をもたせることができる。また，層間変形角を抑えることによって全体の剛性を高め，地震時に生じる内外装材，帳壁，設備などの剥奪，損傷をより少なくし，建物の安全をはかることができる。

低層でも比較的高い鉄骨造建物は，ときには風荷重の影響が地震力より大きくなる場合が予想され，そのほか，特殊な荷重条件，積雪，高置水槽，エレベーター，キュービクル，広告塔，およびクレーンなどの荷重は鉄骨構造に敏感に作用をすることを忘れてはならない。

撮影：彰国社写真部　畑　拓

鉄骨造の架構種別

鉄骨の骨組構造は一般に，ラーメン構造，トラス構造，アーチ構造などの平面力学として扱えるものと，立体トラス構造，シェル構造，吊り構造および膜構造などの三次元，つまり立体として扱わなければならないものとに大別される。

ラーメン構造

節点を剛として扱う構造形式であり，各部材には，曲げモーメント，剪断力，軸方向力が生ずる。一般的なビル建築や工場などの山形ラーメンが最も多く普及している。

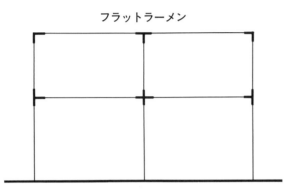
フラットラーメン

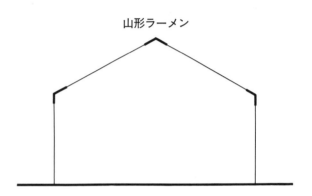
山形ラーメン

トラス構造

節点をピンとして扱う三角形構面による構造形式である。各部材には，原則として，軸方向力だけが生じる。

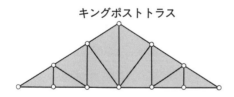
キングポストトラス

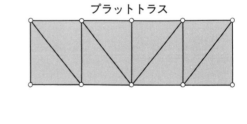
プラットトラス

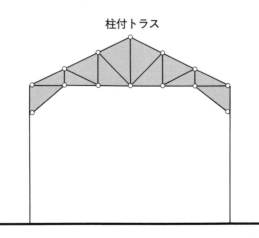
柱付トラス

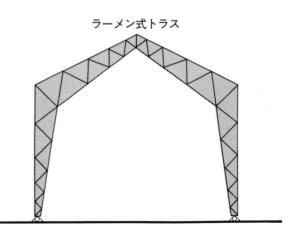
ラーメン式トラス

架構種別

アーチ構造

部材を曲線状に曲げて，曲げモーメントの影響をより少なくした構造形式である。荷重は主として軸圧縮力により支持点に伝達される。

単一材アーチ

組立て材トラス式アーチ

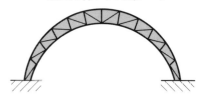

ローマ式

ゴシック式

アラビア式

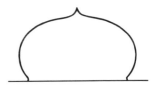

鉄骨アーチ橋

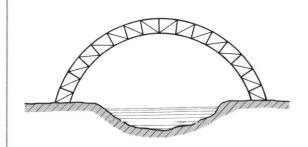

アーチ式ラーメン架橋

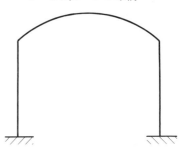

立体として扱う骨組構造

架構全体を均一な単一部材で構成し，三次元的な力の釣合いとともに全体の剛性を得て外力に対処する構造方式で，一般に立体トラスといわれる。折板構造，吊り構造，シェル構造，膜構造も立体構造として扱いスペースフレームとも称される。

ドーム

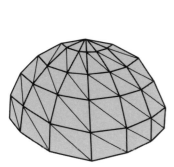

立体トラス（平版シェル）

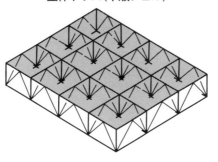

吊り構造

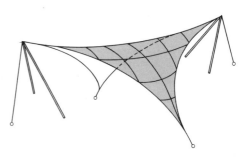

地質

建物はすべて良質な支持地盤の上に建設されなければならない。支持地盤が浅ければそこに基礎を設置する直接基礎となり、深ければその地盤まで杭を打ち込んで、杭上に基礎を設置する杭打ち基礎となる。

地盤は地球の地殻の部分で、下表の年代別に区分され、おおむね、地表より深くなるにつれて年代の古いものとなっている。良質な地盤とは、建物の荷重を受けても有害な沈下を起こさない地質、大雨や地震により地盤の滑動や崩壊をきたさない地質、地震時に砂層のような液状化現象を生じない地質などの条件を満たすもので、一般には平坦な硬質砂礫層、土丹層などの洪積層、第三紀層以前の古く落ち着いた地盤を指す。沖積層は約1万年前から堆積した最も新しい地盤で、おもに河川から運搬された土砂からなり、デルタ地帯、平野部、台地の谷川の表層部に分布している。建物の規模によるが、支持地盤として不適切なものが多い。

洪積層は約100万年前から沖積層の前時代までに堆積したもので、良質な地盤である。おもに、台地、丘陵地、沖積層の下部に分布している砂礫層や土丹層などで、関東ローム層のように洪積世末期のものもある。

第三紀層は、約100万年から7,000万年前と期間が長く、砂岩、頁岩、礫岩、凝灰岩などの岩類を主とし、支持基盤として良好である。ただし、地表に現われて表面が風化された風化岩は支持層には適さない。

第三紀以前は中生代、古生代で、地層としては岩類で、堆積岩でもかなり硬質である。さらに古いものに花崗岩、変成岩がある。建築基準法の地震力の項に、地震地域係数 Z と、建物と地盤のそれぞれの振動周期により、建物の振動特性係数 R_t が決定されるようになったが、鉄骨造の概要で述べたように、上部建物構造と下部支持地盤の関係は非常に密接であるから、支持地盤の地質調査を十分に行い、これに見合った構造計画をすべきである。地震地域係数 Z は、過去の地震記録などのデータにより、予想される地震動の強さの比を表わす数値で、0.7～1.0と地域ごとに規定された。

建物の振動特性係数 R_t の決定に関する地盤は、次の3種類に大別されている。

第1種地盤
地盤周期が最も短い0.2秒以下の硬い地盤で、おもに第三紀以前の地層により構成された岩盤、硬質砂礫層などである。

第2種地盤
第1種、第3種地盤以外のものとし、地盤周期は0.2～0.75秒以下としている。

第3種地盤
地盤周期が最も長く0.75秒を超えるゆるい地盤で、おもに沖積層で構成され、その深さが約30m以上のものである。

東京地方略断面図

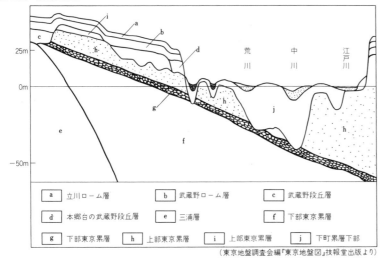

a	立川ローム層	b	武蔵野ローム層	c	武蔵野段丘層
d	本郷台の武蔵野段丘層	e	三浦層	f	下部東京累層
g	下部東京累層	h	上部東京累層	i	上部東京累層	j	下町累層下部

（東京地盤調査会編『東京地盤図』技報堂出版より）

大阪地方略断面図

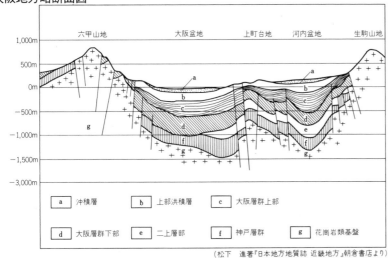

| a | 沖積層 | b | 上部洪積層 | c | 大阪層群上部 |
| d | 大阪層群下部 | e | 二上層部 | f | 神戸層群 | g | 花崗岩類基盤 |

（松下　進著『日本地方地質誌 近畿地方』朝倉書店より）

地質時代の区分

		現世	
1万年	第四紀	沖積世	
50万年		洪積世	四回の氷河期
100万年			
	新第三紀	鮮新世（造山活動）	
1,000万年		中新世	
	第三紀		
	古第三紀		
5,000万年			
1億年	中生代	（大陸隆起と大山脈形成、寒冷気候と熱帯気候性物界における衰滅と発展の記録）	
5億年	古生代		
10億年	先カンブリア	（水成岩、マグマ活動激烈、溶岩流大量）	

（渡部景隆・猪郷久義・菅野三郎編著『日本地方地質誌 関東地方』朝倉書店より作成）

杭

杭の施工別による特徴

① 打込み杭／既製杭を現場にて打ち込み，支持力を得るものである。既製杭の種類としては，木杭，鉄筋コンクリート杭（RC 杭），プレストレストコンクリート杭（PHC 杭），鋼杭などがある。木杭以外は工場製品で，JIS 規格製品である。杭は支持力を得る方法により，杭先端地盤の耐力を頼みとする支持杭と，杭周面と地盤との摩擦力を頼みとする摩擦杭に区分される。

長　所
・工場製作の既製杭を用いるので，製品に信頼性がある。
・打撃エネルギーにより，容易に支持力が算定される。
・工期が短い。

短　所
・打撃により打ち込むので，騒音が大きい。
・地盤に打ち込まれるので，周辺に振動を与える。

② 埋込み杭／現場にて地盤に孔あけを行い，その中に既製杭を設置し，モルタル，またはセメントミルクなどを周囲に詰めて支持力を得る杭である。
支持力は先端地盤によるものと，周面摩擦力によるものと区別しがたく，先端に支持地盤がない場合は摩擦杭となる。

長　所
・騒音が少ない。
・振動がない。

短　所
・支持力が小さい。
・現場の施工精度による影響が大きい。
・掘削機，セメントミルク，打設用具，排土運搬車などの機材が輻輳する。
・工期が長い。

③ 場所打ちコンクリート杭／現場にて支持地盤まで孔あけを行い，鉄筋を建て込み，コンクリートを打ち込んで杭を作り，支持力を先端地盤から受ける。「場所打ちコンクリート杭」ともいう。
施工法により次のような工法がある。
・ベノト工法
・アースドリル工法
・リバースサーキュレーション工法
・BH 工法

長　所
・騒音が少ない。
・振動が少ない。

短　所
・現場で作る杭であり，施工精度が支持力に直接に影響する。また，施工が地中で行われるので，見て確かめることが不可能である。
・工期が長い。
・掘削機，水槽，排土運搬車などの機材が現場に輻輳する。

杭の種類

木　杭	鉄筋コンクリート杭	鉄筋コンクリート杭	鋼　杭	場所打ちコンクリート杭
松　杭	PHC杭, PRC杭, SC杭	節付杭	鋼管杭	

杭打基礎

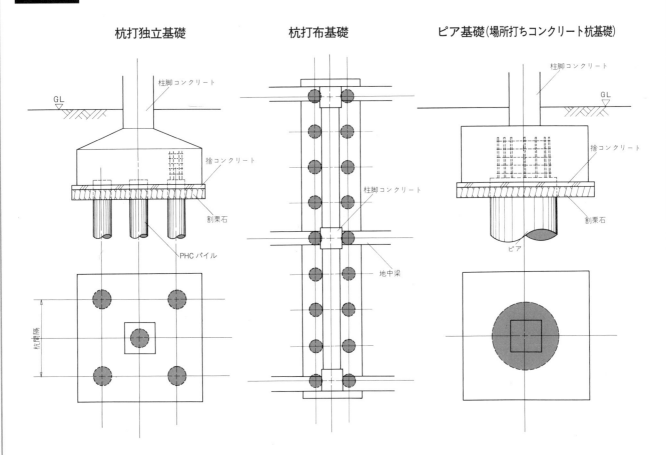

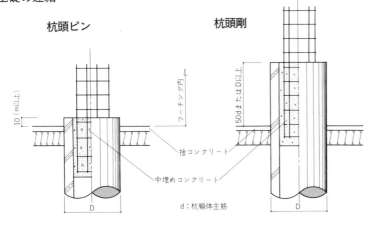

杭の地盤中への設置工法と杭躯体の製造方法からの分類

製造方法＼設置方法	打込みまたは埋込み	せん(穿)孔した後に設置
既製[*1]	打込み杭[*3]	埋込み杭
場所打ち[*2]	ペデスタル杭	場所打ちコンクリート杭[*4]

*1 工場または現場にて設置前に製造する
*2 杭設置位置にて製造する
*3 単に杭と称することもある
*4 ピアとも称される
（日本建築学会「基礎構造計算基準」より）

基礎は，建物の用途，規模，周囲の環境状況，地下地盤の性質，工期などの条件により，最適で十分な機能性，安全性，施工性，経済性を総合的に考慮し決定される。
基礎の選定は，まず地質調査から始められ，概略の調査と詳細調査との2段階を経て行う。概略的には，付近の地盤図（都市地盤図など）により地質をあらかじめ調査し，また近隣建物の位置，構造，基礎の状況を調べ，施工時にトラブルのないようにしておく。

詳細調査としては，ボーリングにより地質調査を行い，地層の深さ，地層の厚さ，土質の状況，標準貫入試験（N値）および地下水の位置などの資料を作成する。また必要に応じて土質のサンプルを採取し，土質試験を行い，それぞれの土質の性状や特性を把握しておく。以上の調査をもとに各種の工法のなかから最も適した基礎を選定する。この場合，基礎は建物の荷重を支持し，沈下転倒や滑動に対して十分に安全であり，確実に施工可能であることが条件である。さらに，地盤の支持力度を確かめるために，地盤に荷重をかけてみる載荷試験の方法もある。基礎工事は，単に施工可能という工学的見解にとどまらず，社会性の見地から騒音，振動や交通の停滞などの工事公害に対処する姿勢が大切である。また，同一建物の基礎は，異なった種類の基礎の併用を避けるのが原則である。
基礎は大別して，支持地盤に直接支持させる「直接基礎」と間接に支持させる「杭基礎」とに区分される。

基 礎

直接基礎

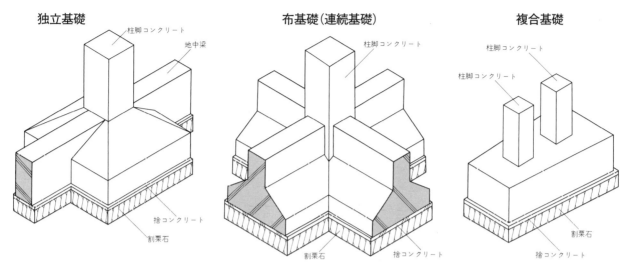

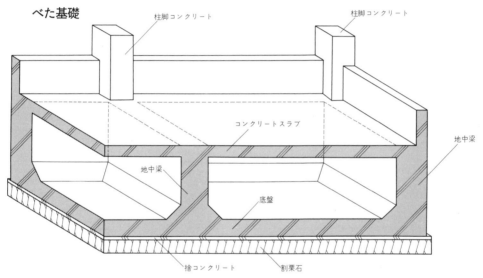

直接基礎
直接基礎の支持力度は、地質調査または載荷試験より求めた地盤の許容地耐力度以下で、沈下などにより上部構造に有害な影響を与えないことが条件である。また、基礎の根入れの深さは、雨水による洗掘や寒冷地における凍上現象による浮上がり、隣地の地盤に与える影響などの検討により、適切な深さに設置されなければならない。

直接基礎の形態は、上部荷重や地耐力度により、独立基礎、布基礎（連続基礎）、複合基礎、べた基礎とある。周囲の状況から、納まり上、偏心基礎にする場合があるが、これによる偏心モーメントの影響は地中梁により確実に対処させる。

杭基礎
杭基礎は、地盤の状況により直接基礎が適切でない場合に採用され、建物の全荷重を基礎から杭、杭から地盤にと伝達し、支持させ、地震時における水平応力にも対応させるものである。

杭は施工可能であり、信頼しうる耐力があり、杭基礎の荷重は十分耐久性をもった許容耐力以内でなければならない。

同一建物には、原則として材料の種類や施工法の違う杭の混用は避けなければならない。したがって、支持杭と摩擦杭も混用してはならない。

杭の支持力は、載荷試験、支持力算定式および杭打ちの打撃エネルギーにより求めるものである。支持杭のうち、地盤沈下のおそれのある地層を貫いている場合は、負の摩擦力による影響を十分に配慮する必要がある。

杭の選定は、基礎の選定と同義であり、既製杭を打ち込むか、所定の箇所に穿孔し、これに既製杭を埋め込むか、または、場所打ちコンクリート杭を採用するかは、上部架構、地盤の状況および周囲の環境条件などにより、安全性、施工性、経済性、社会性を考えて決定される。

●杭芯間の最小間隔

・木杭	元口の	2.5倍以上	かつ 60 cm 以上
・既製コンクリート杭	杭頭部の径の	2.5倍以上	かつ 75 cm 以上
・鋼杭	杭頭部の径の	2倍以上	かつ 75 cm 以上
・場所打ちコンクリート杭	杭頭部の径の	2倍以上	かつ 杭頭部の径に1 m を加えた値以上

柱脚

H形鋼柱脚　ピンタイプ

H形鋼柱脚　固定タイプ

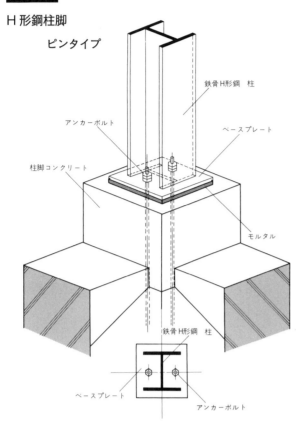

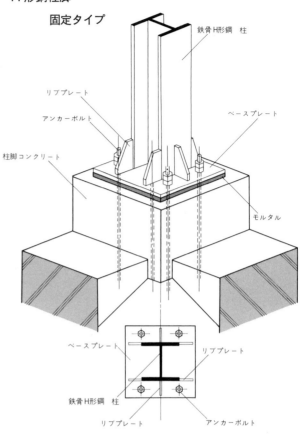

H形鋼組立て柱柱脚　固定タイプ（根巻きコンクリート形式）

角パイプ柱脚　ピンタイプ

パイプ柱脚　ピンタイプ

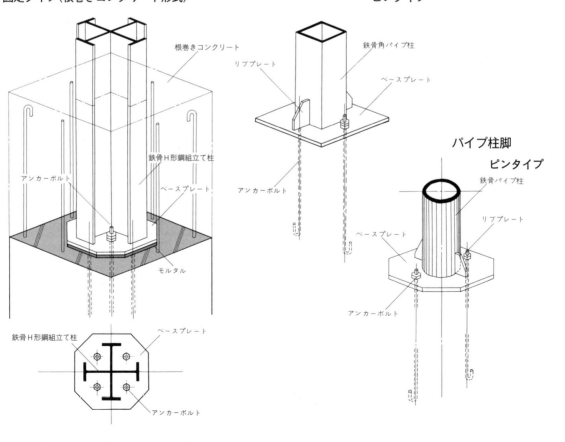

柱・梁

柱脚の支点の種類

固定タイプ

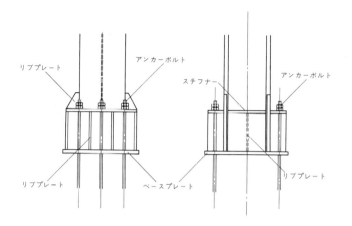

ピンタイプ-1

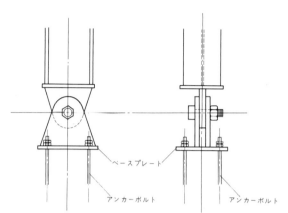

ピンタイプ-2

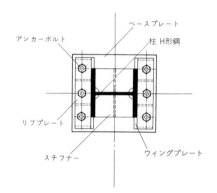

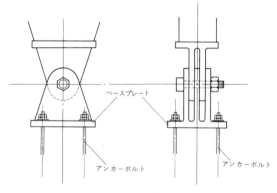

上部架構と基礎との接点が柱脚である。柱脚は，ピン，固定およびその中間の半固定の3種類の支点と仮定される。

土木工事では，橋梁のような単純な静定構造であるところから，ピン，ローラー等の支点を作成する場合，設計の仮定に従い，事実上のピン，ローラーを製作し，施工することにより安全性を得る。

建築では，エキスパンションジョイントなど，特殊な場合を除いてローラー端を作ることはないが，ピンと仮定する節点はかなりある。ただし，事実上のピンとすることは，製作・施工が困難であり，また数が多いためにピンに近い状態をピンと仮定している。

固定端については，完全な固定端を作ることはむずかしいが，固定度を高める努力をすることにより相対的に固定端と仮定している。

日本建築学会の「鋼構造設計規準」では，柱脚を固定と仮定する場合，

① ウィングプレートとリブを用い，ベースプレートの変形を阻止するとともに，柱主材との接合を完全にするか，または鉄筋コンクリートによって被覆し，基礎と一体にする

② ベースプレート下面と基礎上面を密着させる……以下略

③ 柱脚の剪断力がベースプレート下面とコンクリートとの摩擦力で伝達するとみなすときは摩擦係数を0.4とする

としている。

特に①，②の条件のなかに厳しいものがあり，十分な施工精度が要求される。

①の条件のうち，鉄筋コンクリートによって被覆し，基礎と一体であるほうを採用すれば，②の条件も満足し，柱脚固定となりやすい。この鉄筋コンクリートを根巻きコンクリートという。これは鉄骨柱よりかぶり厚を10cm以上として，鉄骨とコンクリートの付着力により伝達された応力は鉄筋コンクリート柱の応力として処理される。

固定端の問題としては，次に基礎自身の回転が，その程度により固定度に及ぼす影響が大きい。ベースプレートと基礎の結合が十分満足された場合，基礎自身が剛強な地中梁により回転を阻止されているときはよいが，大スパン架構は，このスパン方向に地中梁がない場合が多く，問題が起きやすい。

一般的には，基礎下端に引張応力が生じない場合を固定とみなす最低条件としている。以上のように，基礎の回転および①，②，③の条件などから固定度が相対的に低いと判断される場合を，ピンと固定の中間的存在として半固定と表現している。

- ピン端／軸力 N と剪断力 Q を支持し伝達する。曲げモーメント M に対しては自由に回転する。
- 固定端／軸力 N，剪断力 Q，曲げモーメント M のすべてを支持し伝達する。
- 半固定端／軸力 N，剪断力 Q，曲げモーメント M の一部を支持し伝達する。

柱脚施工法の種類

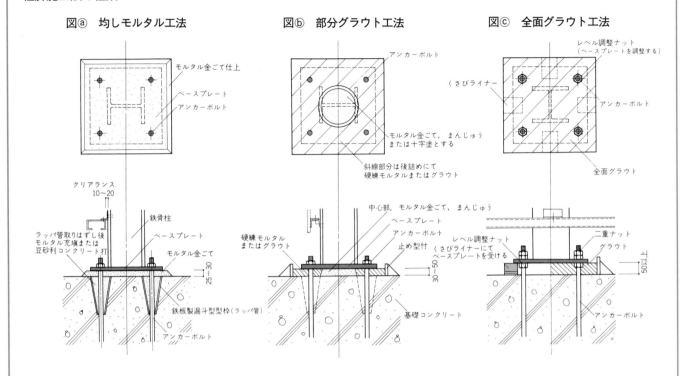

図ⓐ 均しモルタル工法　　図ⓑ 部分グラウト工法　　図ⓒ 全面グラウト工法

柱脚セット工法は柱脚ベースプレート底面と下部の鉄筋コンクリート基礎,または軀体との取合いの納め方で,特殊工法を除いて3種類あり,アンカーボルトの設置に関して考慮する必要がある。

アンカーボルト設置工法は,可動埋込み工法（小型アンカーボルト埋込みに適する）,固定埋込み工法（大型アンカーボルト埋込みに適する）,後据付け工法（軽微なもの）などの工法によって設置される。

図ⓐの均しモルタル工法は,モルタル金ごてなどで柱底に当たる部分をベースプレートよりやや大きく25～50mm厚に仕上げて柱脚をセットする。ただし柱とベースプレートの直角精度の影響を受けやすく,プレートとモルタルの密着度に欠点がある。したがって,小規模建築に適する。

図ⓑ部分グラウト工法は,基礎中央に建方時の自重に耐えうる面積のモルタル,または豆砂利コンクリートなどで,まんじゅうを作り,ライナーを据え付けるなどして建方を行い,ベースプレート据付け後,硬練りモルタル,またはグラウトを周囲より十分突き固め,ベースプレートとモルタルの密着度を増加させる工法で,中規模建築に適する。

図ⓒの全面グラウト工法は,図のように柱脚をアンカーボルトのナット（レベル調整用）をレベル調整した上に取り付け,ベースプレートはくさびあるいはライナーで受け,建方を行い,後で硬練りモルタルを十分周囲より突き固めるか,無収縮モルタルを重力式で流し込むか,型枠を設け,膨張性モルタルを圧入ポンプでグラウトし,基礎とベースプレートを十分密着させる工法で大規模建築に適する。

木材,鋼材,コンクリートの強度比較

	比重 (kN/m³)	長期許容応力度 (N/mm²)				終局強度 (N/mm²)
		圧縮	引張	曲げ	剪断	
木　材（杉）	4.0	5.9	4.5	7.4	0.6	5.9
鋼　材（SN 400）	78.0	156.0	156.0	156.0	90.0	400.0
コンクリート（Fc 21）	23.0	7.0	(0.7)	—	0.7	21.0

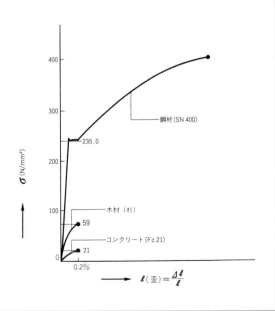

柱・梁

柱・梁の形態

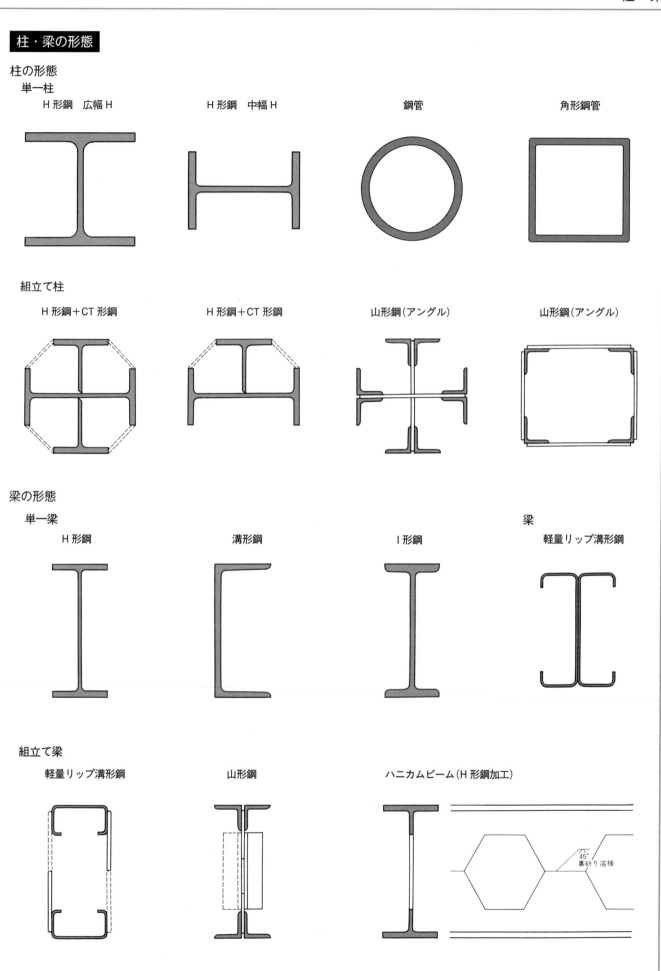

柱・梁の継手

梁継手

柱継手

大梁・小梁仕口

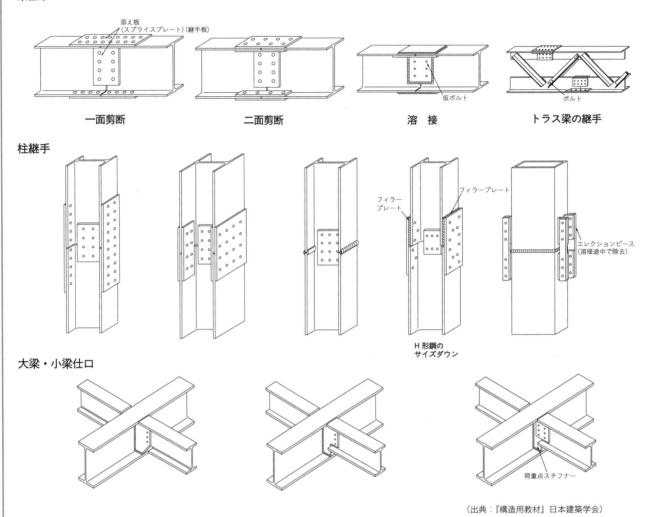

（出典：『構造用教材』日本建築学会）

精度標準

精度標準および外観検査の許容差は下記による。なお形鋼の形状および寸法の許容差は JIS G 3192，G 3136 のほか，（一社）日本鉄鋼連盟が自主的に定めた建築構造用冷間成形角形鋼管の製品規定による。

工作および組立て

	名　称	図	管理許容差	限界許容差
(1)	T継手のすきま（隅肉溶接）(e)		$e \leq 2\,mm$	$e \leq 3\,mm$
(2)	重ね継手のすきま (e)		$e \leq 2\,mm$	$e \leq 3\,mm$
(3)	突合せ継手の食違い (e)	$t=\min(t_1,t_2)$	$t \leq 15\,mm$　　　$e \leq 1\,mm$ $t > 15\,mm$　　　$e \leq t/15$ かつ $e \leq 2\,mm$	$t \leq 15\,mm$　　　$e \leq 1.5\,mm$ $t > 15\,mm$　　　$e \leq t/10$ かつ $e \leq 3\,mm$

柱・梁

項目	図	管理許容差	限界許容差
(4) ルート間隔（裏斫り） (e)		被覆アーク溶接　　　　　$0 \leq e \leq 2.5$ mm サブマージアーク自動溶接 　　　　　　　　　　　　$0 \leq e \leq 1$ mm ガスシールドアーク溶接 　　　　　　　　　　　　$0 \leq e \leq 2$ mm セルフシールドアーク溶接 　　　　　　　　　　　　$0 \leq e \leq 2$ mm	被覆アーク溶接　　　　　　$0 \leq e \leq 4$ mm サブマージアーク自動溶接 　　　　　　　　　　　　$0 \leq e \leq 2$ mm ガスシールドアーク溶接 　　　　　　　　　　　　$0 \leq e \leq 3$ mm セルフシールドアーク溶接 　　　　　　　　　　　　$0 \leq e \leq 3$ mm
(5) ルート間隔（裏当て金付き） (Δa)		被覆アーク溶接，ガスシールドアーク溶接，セルフシールドアーク溶接 　　　　　　　　　　　　$\Delta a \geq -2$ mm サブマージアーク自動溶接 　　　　　　　-2 mm $\leq \Delta a \leq +2$ mm	被覆アーク溶接，ガスシールドアーク溶接，セルフシールドアーク溶接 　　　　　　　　　　　　$\Delta a \geq -3$ mm サブマージアーク自動溶接 　　　　　　　-3 mm $\leq \Delta a \leq +3$ mm
(6) ルート面 (Δa)		被覆アーク溶接，ガスシールドアーク溶接，セルフシールドアーク溶接 　裏当て金なし　$\Delta a \leq 2$ mm 　裏当て金あり　$\Delta a \leq 1$ mm サブマージアーク自動溶接 　　　　　　　　$\Delta a \leq 2$ mm	被覆アーク溶接，ガスシールドアーク溶接，セルフシールドアーク溶接 　裏当て金なし　$\Delta a \leq 3$ mm 　裏当て金あり　$\Delta a \leq 2$ mm サブマージアーク自動溶接 　　　　　　　　$\Delta a \leq 3$ mm
(7) ベベル角度 (Δa)		$\Delta a \geq -2.5°$	$\Delta a \geq -5°$
(8) 開先角度 (Δa)		$\Delta a_1 \geq -5°$	$\Delta a_1 \geq -10°$
		$\Delta a_2 \geq -2.5°$	$\Delta a_2 \geq -5°$
(9) ガス切断面のあらさ		開先内　　$100\ \mu$mR$_z$ 以下 自由縁端　$100\ \mu$mR$_z$ 以下	開先内　　$100\ \mu$mR$_z$ 以下 自由縁端　$100\ \mu$mR$_z$ 以下
(10) ガス切断面のノッチ深さ (d)		開先内　　$d \leq 0.5$ mm 自由縁端　$d \leq 0.5$ mm	開先内　　$d \leq 1$ mm 自由縁端　$d \leq 1$ mm
(11) 切断による切断縁の直角度 (e)		$t \leq 40$ mm　　　　　　　　$e \leq 1$ mm $t > 40$ mm 　　　　　　　$e < t/40$ かつ $e \leq 1.5$ mm	$t \leq 40$ mm　　　　　　　$e \leq 1.5$ mm $t > 40$ mm 　　　　　$e < 1.5\ t/40$ かつ $e \leq 2$ mm

名　称	図	管理許容差	限界許容差
(12) 仕口のずれ (e)	柱フランジ／スチフナー／梁フランジ／ダイアフラム（梁フランジ）／柱フランジ $t=\min(t_1,t_2)$	$t_1 \geqq t_3$：$e \leqq 2\, t_1/15$ かつ $e \leqq 3\,\mathrm{mm}$ $t_1 < t_3$：$e \leqq t_1/6$ かつ $e \leqq 4\,\mathrm{mm}$	$t_1 \geqq t_3$：$e \leqq t_1/5$ かつ $e \leqq 4\,\mathrm{mm}$ $t_1 < t_3$：$e \leqq t_1/4$ かつ $e \leqq 5\,\mathrm{mm}$
(13) 溶接組立て材端部の不ぞろい (e)		$e \leqq 2\,\mathrm{mm}$	$e \leqq 3\,\mathrm{mm}$

高力ボルト

名　称	図	管理許容差	限界許容差
(1) 孔の心ずれ (e)	設計ボルト心	$e \leqq 1\,\mathrm{mm}$	$e \leqq 1.5\,\mathrm{mm}$
(2) 孔相互の間隔 (ΔP)	$P+\Delta P$	$-1\,\mathrm{mm} \leqq \Delta P \leqq +1\,\mathrm{mm}$	$-1.5\,\mathrm{mm} \leqq \Delta P \leqq +1.5\,\mathrm{mm}$
(3) 孔の食違い (e)		$e \leqq 1\,\mathrm{mm}$	$e \leqq 1.5\,\mathrm{mm}$
(4) 高力ボルト接合部の肌すき (e)		$e \leqq 1\,\mathrm{mm}$	$e \leqq 1\,\mathrm{mm}$
(5) 孔のはしあき・へりあき (Δa)	$a_2+\Delta a_2$／$a_1+\Delta a_1$	$\Delta a_1 \geqq -2\,\mathrm{mm}$ $\Delta a_2 \geqq -2\,\mathrm{mm}$ かつ「鋼構造設計規準」「高力ボルト接合設計施工ガイドブック」の最小縁端距離を満足すること	$\Delta a_1 \geqq -3\,\mathrm{mm}$ $\Delta a_2 \geqq -3\,\mathrm{mm}$ かつ「鋼構造設計規準」「高力ボルト接合設計施工ガイドブック」の最小縁端距離を満足すること

溶　接

名　称	図	管理許容差	限界許容差
(1) 隅肉溶接のサイズ (ΔS)		$0 \leqq \Delta S \leqq 0.5\,S$ かつ $\Delta S \leqq 5\,\mathrm{mm}$	$0 \leqq \Delta S \leqq 0.8\,S$ かつ $\Delta S \leqq 8\,\mathrm{mm}$

柱・梁

(2) 隅肉溶接の余盛の高さ (Δa)		$0 \leq \Delta a \leq 0.4 S$ かつ $\Delta a \leq 4$ mm	$0 \leq \Delta a \leq 0.6 S$ かつ $\Delta a \leq 6$ mm
(3) 完全溶込み溶接突合せ継手の余盛の高さ (Δh)		$B < 15$ mm 　　　　$0 \leq h + \Delta h \leq 3$ mm 15 mm $\leq B < 25$ mm 　　　　$0 \leq h + \Delta h \leq 4$ mm 25 mm $\leq B$ 　　　　$0 \leq h + \Delta h \leq (4/25) B$ mm	$B < 15$ mm 　　　　$0 \leq h + \Delta h \leq 5$ mm 15 mm $\leq B < 25$ mm 　　　　$0 \leq h + \Delta h \leq 6$ mm 25 mm $\leq B$ 　　　　$0 \leq h + \Delta h \leq (6/25) B$ mm
(4) 完全溶込み溶接角継手の余盛の高さ (Δh)		$B < 15$ mm 　　　　$0 < h + \Delta h \leq 3$ mm 15 mm $\leq B < 25$ mm 　　　　$0 < h + \Delta h \leq 4$ mm 25 mm $\leq B$ 　　　　$0 < h + \Delta h \leq \frac{4B}{25}$ mm	$B < 15$ mm 　　　　$0 < h + \Delta h \leq 5$ mm 15 mm $\leq B < 25$ mm 　　　　$0 < h + \Delta h \leq 6$ mm 25 mm $\leq B$ 　　　　$0 < h + \Delta h \leq \frac{6B}{25}$ mm
(5) 完全溶込み溶接T継手（裏当金あり）の余盛の高さ (Δh)		$t \leq 40 \left(h = \frac{t}{4}\right)$ 　　　　$0 \leq \Delta h \leq 7$ mm $t > 40 \ (h = 10)$ 　　　　$0 \leq \Delta h \leq \frac{t}{4} - 3$ mm	$t \leq 40 \left(h = \frac{t}{4}\right)$ 　　　　$0 \leq \Delta h \leq 10$ mm $t > 40 \ (h = 10)$ 　　　　$0 \leq \Delta h \leq \frac{t}{4}$ mm
(6) 完全溶込み溶接T継手（裏斫り）の余盛の高さ (Δh)		$t \leq 40$ mm $\left(h = \frac{t}{8}$ mm$\right)$ 　　　　$0 \leq \Delta h \leq 7$ mm $t > 40$ mm $(h = 5$ mm$)$ 　　　　$0 \leq \Delta h \leq \frac{t}{4} - 3$ mm	$t \leq 40$ mm $\left(h = \frac{t}{8}$ mm$\right)$ 　　　　$0 \leq \Delta h \leq 10$ mm $t > 40$ mm $(h = 5$ mm$)$ 　　　　$0 \leq \Delta h \leq \frac{t}{4}$ mm
(7) アンダーカット (e)		完全溶込み溶接　　$e \leq 0.3$ mm 前面隅肉溶接　　　$e \leq 0.3$ mm 側面隅肉溶接　　　$e \leq 0.5$ mm ただし，上記の数値を超え 0.7 mm 以下の場合，溶接長 300 mm 当り総長さが 30 mm 以下かつ 1ヵ所の長さが 3 mm 以下	完全溶込み溶接　　$e \leq 0.5$ mm 前面隅肉溶接　　　$e \leq 0.5$ mm 側面隅肉溶接　　　$e \leq 0.8$ mm ただし，上記の数値を超え 1 mm 以下の場合，溶接長 300 mm 当り総長さが 30 mm 以下かつ 1ヵ所の長さが 5 mm 以下
(8) 突合せ継手の食違い (e)		$t \leq 15$ mm 　　　　$e \leq 1$ mm $t > 15$ mm 　　　　$e \leq t/15$ mm かつ $e \leq 2$ mm	$t \leq 15$ mm 　　　　$e \leq 1.5$ mm $t > 15$ mm 　　　　$e \leq t/10$ mm かつ $e \leq 3$ mm

(9)	仕口のずれ (e)	[図：柱フランジ、スチフナー、梁フランジ、ダイアフラム（梁フランジ）、t=min(t_1,t_2)]	$t_1 \geq t_3$ $e \leq 2\,t_1/15$ かつ $e \leq 3$ mm $t_1 < t_3$ $e \leq t_1/6$ かつ $e \leq 4$ mm	$t_1 \geq t_3$ $e \leq t_1/5$ かつ $e \leq 4$ mm $t_1 < t_3$ $e \leq t_1/4$ かつ $e \leq 5$ mm
(10)	ビード表面の不整 (e)	[図：ビード形状、$e_3=B_1-B_2$、a-a断面、b-b断面]	ビード表面の凹凸の高低差 e_1（ビートの長さ方向），e_2（ビートの幅方向）は溶接の長さ，またはビード幅 25 mm の範囲で 2.5 mm 以下 ビード幅の不整 e_1,e_3 は溶接の長さ 150 mm の範囲で 5 mm 以下	ビード表面の凹凸の高低差 e_1（ビートの長さ方向），e_2（ビートの幅方向）は溶接の長さ，またはビード幅 25 mm の範囲で 4.0 mm 以下 ビード幅の不整 e_3 は溶接の長さ 150 mm の範囲で 7 mm 以下
(11)	ピット	[図]	溶接長 300 mm 当り 1 個以下。ただし，ピットの大きさが 1 mm 以下のものは 3 個を 1 個として計算する	溶接長 300 mm 当り 2 個以下。ただし，ピットの大きさが 1 mm 以下のものは 3 個を 1 個として計算する
(12)	割れ	[図：溶接金属割れ、クレータ割れ、横割れ、縦割れ]	―	あってはならない
(13)	オーバーラップ	[図]	―	著しいものは認めない
(14)	スタッド溶接後の仕上がり高さと傾き ($\Delta L, \theta$)	[図：$L+\Delta L$, θ]	-1.5 mm $\leq \Delta L \leq +1.5$ mm	-2 mm $\leq \Delta L \leq +2$ mm
			$\theta \leq 3°$	$\theta \leq 5°$

柱・梁

製品

名　称	図	管理許容差	限界許容差
(1) 梁の長さ (ΔL)		$-3\,\text{mm} \leq \Delta L \leq +3\,\text{mm}$	$-5\,\text{mm} \leq \Delta L \leq +5\,\text{mm}$
(2) 柱の長さ (ΔL)	高力ボルト接合／溶接接合	$L < 10\,\text{m}$ 　　$-3\,\text{mm} \leq \Delta L \leq +3\,\text{mm}$ $L \geq 10\,\text{m}$ 　　$-4\,\text{mm} \leq \Delta L \leq +4\,\text{mm}$	$L < 10\,\text{m}$ 　　$-5\,\text{mm} \leq \Delta L \leq +5\,\text{mm}$ $L \geq 10\,\text{m}$ 　　$-6\,\text{mm} \leq \Delta L \leq +6\,\text{mm}$
(3) 階　高 (ΔL)	高力ボルト接合／溶接接合／通しダイアフラム形式／内ダイアフラム形式	$-3\,\text{mm} \leq \Delta L \leq +3\,\text{mm}$	$-5\,\text{mm} \leq \Delta L \leq +5\,\text{mm}$
(4) 梁の曲がり (e)		$e \leq \dfrac{L}{1000}$ かつ $e \leq 10\,\text{mm}$	$e \leq \dfrac{1.5L}{1000}$ かつ $e \leq 15\,\text{mm}$
(5) 柱の曲がり (e)		$e \leq \dfrac{L}{1500}$ かつ $e \leq 5\,\text{mm}$	$e \leq \dfrac{L}{1000}$ かつ $e \leq 8\,\text{mm}$
(6) せ　い (ΔH)	H形断面／T字形断面／円形断面／溶接組立箱形断面	$H < 800\,\text{mm}$ 　　$-2\,\text{mm} \leq \Delta H \leq +2\,\text{mm}$ $H \geq 800\,\text{mm}$ 　　$-3\,\text{mm} \leq \Delta H \leq +3\,\text{mm}$	$H < 800\,\text{mm}$ 　　$-3\,\text{mm} \leq \Delta H \leq +3\,\text{mm}$ $H \geq 800\,\text{mm}$ 　　$-4\,\text{mm} \leq \Delta H \leq +4\,\text{mm}$
(7) 幅 (ΔB)		$-2\,\text{mm} \leq \Delta B \leq +2\,\text{mm}$	$-3\,\text{mm} \leq \Delta B \leq +3\,\text{mm}$

			限界許容差	管理許容差
(8)	箱型断面の直角度 (e)		接合部 $e \leq \dfrac{H}{100}$ かつ $e \leq 2\,\text{mm}$ 一般部 $e \leq \dfrac{2H}{100}$ かつ $e \leq 4\,\text{mm}$	接合部 $e \leq \dfrac{3H}{200}$ かつ $e \leq 3\,\text{mm}$ 一般部 $e \leq \dfrac{3H}{100}$ かつ $e \leq 6\,\text{mm}$
(9)	H形断面の直角度 (e)		接合部 $e \leq \dfrac{b}{100}$ かつ $e \leq 1\,\text{mm}$ 一般部 $e \leq \dfrac{2b}{100}$ かつ $e \leq 2\,\text{mm}$	接合部 $e \leq \dfrac{3b}{200}$ かつ $e \leq 1.5\,\text{mm}$ 一般部 $e \leq \dfrac{3b}{100}$ かつ $e \leq 3\,\text{mm}$
(10)	ウェブの心ずれ (e)		$e \leq 2\,\text{mm}$	$e \leq 3\,\text{mm}$
(11)	ウェブの曲がり (e)		$e_1 \leq \dfrac{H}{150}$ かつ $e_1 \leq 4\,\text{mm}$ $e_2 \leq \dfrac{B}{150}$ かつ $e_2 \leq 4\,\text{mm}$	$e_1 \leq \dfrac{H}{100}$ かつ $e_1 \leq 6\,\text{mm}$ $e_2 \leq \dfrac{B}{100}$ かつ $e_2 \leq 6\,\text{mm}$
(12)	仕口部の角度 (e)		$e_1, e_2 \leq \dfrac{L}{300}$ かつ $e_1, e_2 \leq 3\,\text{mm}$	$e_1, e_2 \leq \dfrac{L}{200}$ かつ $e_1, e_2 \leq 5\,\text{mm}$
(13)	仕口部の長さ (ΔL)		$-3\,\text{mm} \leq \Delta L \leq +3\,\text{mm}$	$-5\,\text{mm} \leq \Delta L \leq +5\,\text{mm}$
(14)	柱のねじれ (δ)		$\delta \leq \dfrac{6H}{1000}$ かつ $\delta \leq 5\,\text{mm}$	$\delta \leq \dfrac{9H}{1000}$ かつ $\delta \leq 8\,\text{mm}$
(15)	メタルタッチ (e)		$e \leq \dfrac{1.5H}{1000}\,\text{mm}$	$e \leq \dfrac{2.5H}{1000}\,\text{mm}$
(16)	ベースプレートの折れおよび凹凸 (e)		$e \leq 2\,\text{mm}$	$e \leq 3\,\text{mm}$

※ 許容差は、限界許容差と管理許容差に区別して定めている。限界許容差は、これを超える誤差は原則として許容されない最終的な個々の製品の合否判定のための基準値である。一方管理許容差は、95%以上の製品が満足するような製作または施工上の目安として定めた目標値である。

柱・梁

柱と梁の接合

山形鋼(アングル)タイプ　高力ボルト締め

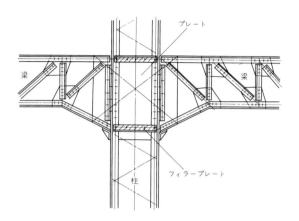

H形鋼　スプリットT使用　高力ボルト締め

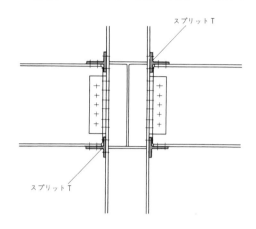

組立て柱＋梁(柱通し)

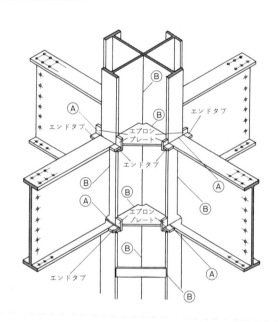

H形鋼柱＋梁(梁通し)

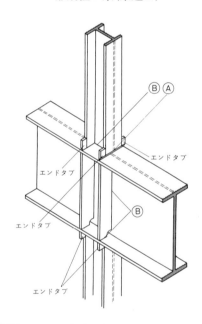

Ⓐ 完全溶込み溶接

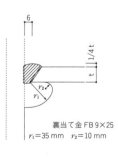

裏当て金 FB 9×25
$r_1 = 35$ mm　$r_2 = 10$ mm

Ⓑ 隅肉溶接

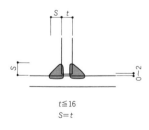

$t \leqq 16$
$S = t$

エンドタブ／完全溶込み溶接箇所に必ず設けること

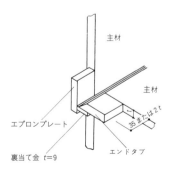

エンドタブは溶接後切断し、グラインダーにて仕上げる。

床組の接合

梁＋梁

大梁と小梁
ピン接合

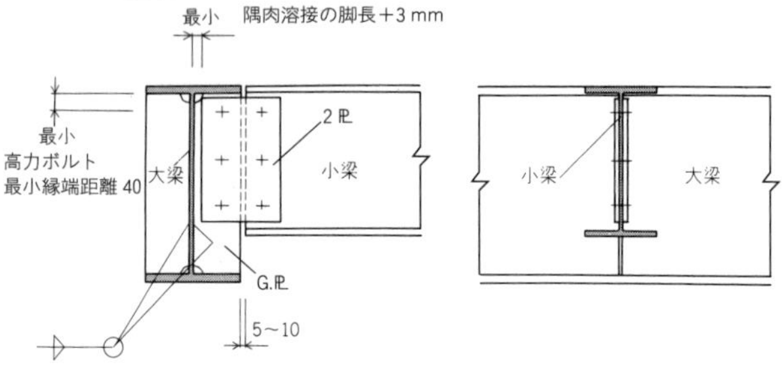
最小
隅肉溶接の脚長＋3 mm
最小
高力ボルト
最小縁端距離 40
大梁
2 PL
小梁
G.PL
5～10
小梁
大梁

ピン接合

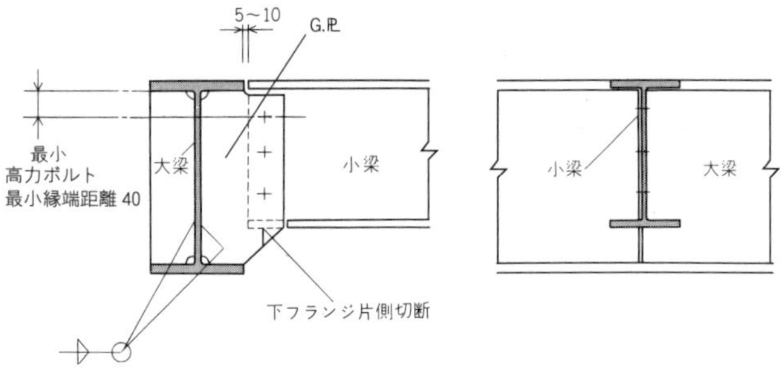
5～10
G.PL
最小
高力ボルト
最小縁端距離 40
大梁
小梁
下フランジ片側切断
小梁
大梁

剛接合（小梁連続）

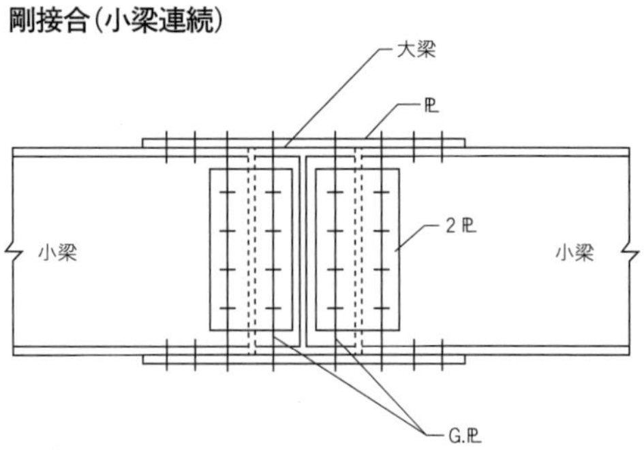
大梁
PL
2 PL
小梁
小梁
G.PL

剛接合（小梁連続）溶接

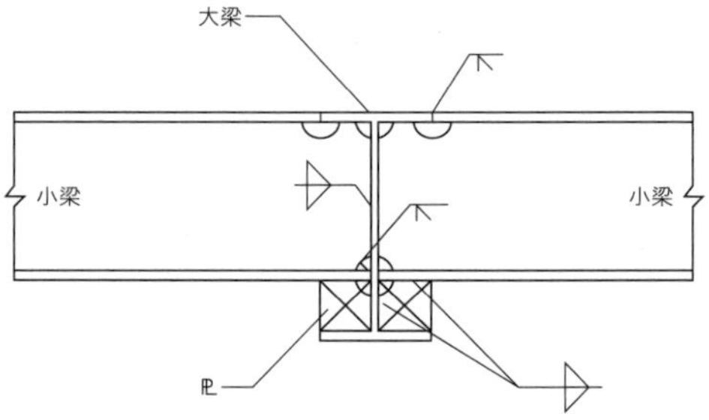
大梁
小梁
小梁
PL

水平ブレース

丸鋼（引張ブレース）

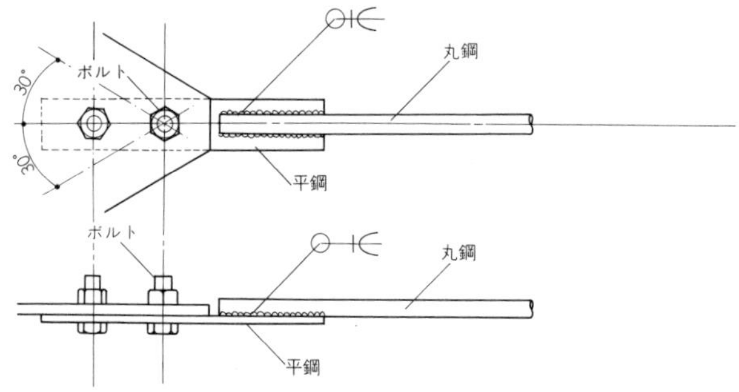
30°
ボルト
30°
丸鋼
平鋼
ボルト
丸鋼
平鋼

丸鋼（引張ブレース）

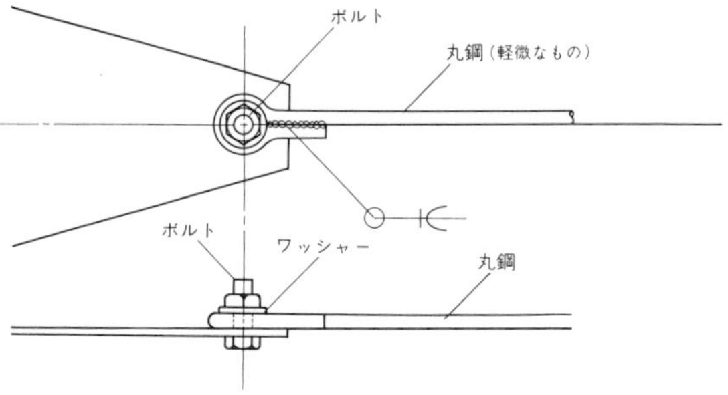
ボルト
丸鋼（軽微なもの）
ボルト
ワッシャー
丸鋼

山形鋼（引張ブレース）

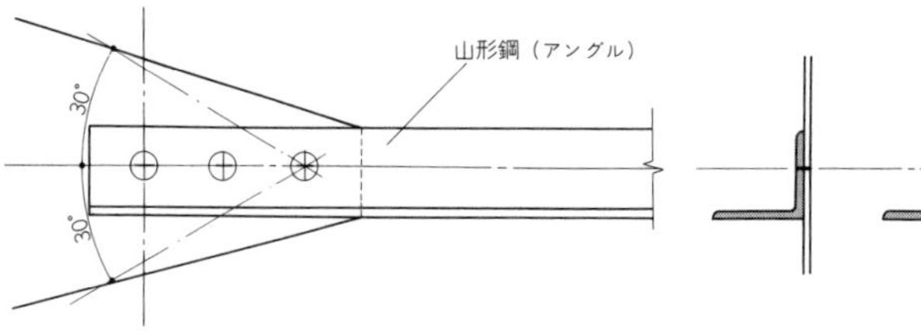
山形鋼（アングル）
30°
30°

CT 形鋼（引張，圧縮ブレース）

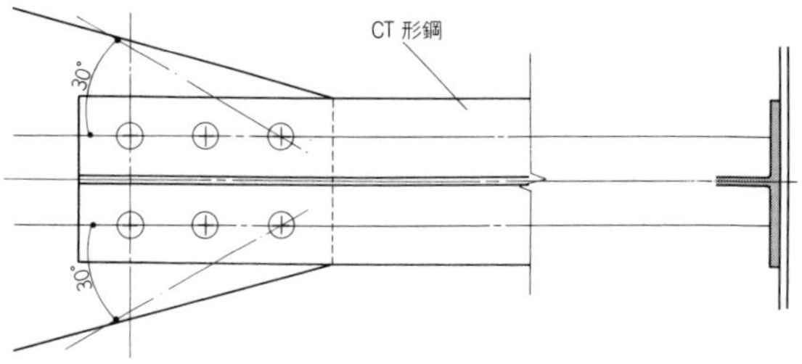
CT 形鋼
30°
30°

鉄骨構造の床面の構造は，床面に載った直接の荷重を支えることのほかに，建物全体をかためて一体とする重要な役目をもっている。それは建物全体に作用する地震や風の水平力を各骨組に伝達することである。この水平力を骨組に分担させるには，床面の剛性が大きいことが条件となる。すなわち，水平力の作用に対して変形が少ないということである。剛性度の小さい床面構造は水平力が正常に伝達されず，各骨組はばらばらに変形し，予期しない力が働き，これに抵抗できなくなったときに骨組は破壊現象を起こす。したがって，骨組が設計上予想どおりの力を受け，これに抵抗し，安定するためには，床面の剛性や強さが重要となる。

鉄骨造の床面構成のうち，剛性が大きく変形の少ないのは鉄筋コンクリート造であるが，建物全体の軽量性をはかるには問題となる。根太形式，PC 版，ALC 版，および単なるデッキプレートとした場合には，床面にブレース（筋違）などを設置して変形をおさえ，剛性を大きくする必要がある。床を鉄筋コンクリート造および合成デッキプレート（認定品）の上にコンクリートを打設した構造とした場合，改めてブレースなどを設置する必要はないが，床スラブと梁との接合は十分にして，床面の剪断力（水平力）に抵抗するように，シアコネクターとして頭付きスタッドなどを使用して緊結する。

壁軸組

壁軸組
間柱の形態

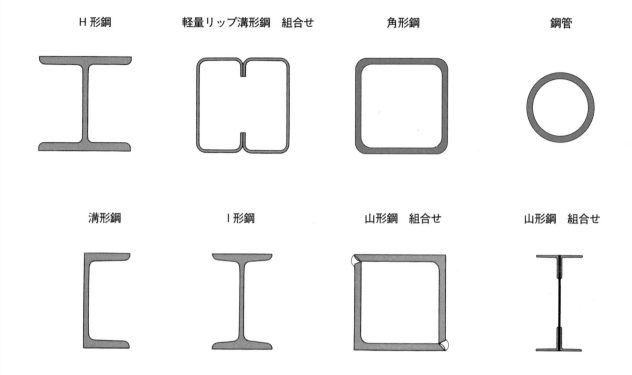

胴縁の形態

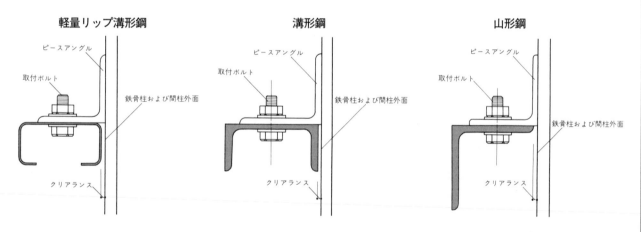

壁面を構成する構造材は，壁の仕上材の種別により，胴縁，間柱が決められる。仕上材がPC版，ALC版のように，胴縁，間柱を必要としないものは，柱，大梁，ブレース材だけが軸組構成の主体構造材となる。

胴縁は仕上材などの鉛直荷重および外壁にあっては，風圧力の横力を受け，これに対処する。胴縁は柱間に設置するもので，柱間隔が大きくなった場合，これを中間で支える役目を間柱が受けもつ。胴縁の寸法にもよるが，柱スパン4m以上になれば，通常，間柱が必要とされ，また開口部補強，取付け下地として用いられることもある。

胴縁は仕上材の取付け下地であるから，その外面は鉛直にそろうのが条件となるが，鉄骨柱はかなりの高さをもち，多少の「歪み」「曲がり」「挙動性」は避けられないし，多層間では「層間変位」も予想できる。したがって，柱や間柱に直接胴縁を取り付けると，これらの影響を受けるので，必ずクリアランス（または逃げともいう）をとり，胴縁材自身の形状調整も含めてこのクリアランス内で処理し，建物外面または内面の鉛直を確保する。このクリアランスは一般に10～30mmくらいだが，軒高が高いほど，高層建築ほど大きな値となる。逆に，クリアランスを大きくすれば，鉄骨造架構は曲がったり，歪んだりしてよいというわけではない。これにはおのずから限度がある。まず鉄骨材料，製品そのものの限度，日本工業規格で規定された鋼材の寸法許容差，この材料を組み合わせた鉄骨柱，梁などの各部位別寸法許容差，これらを架構した建物全体としての寸法許容差の限界が定められている。これらの詳細は，日本建築学会2014年版「鉄骨精度測定指針」のなかから，工作および組立，その他の一部を掲載した。鉄骨造は柔構造であるといわれる。これは鉄筋コンクリート造などの剛構造との比較であるが，鉄骨造の振動や揺れはよく経験する。鉄骨造ディテールにはこの特徴の認識が重要である。

壁軸組

ブレース（筋違）の種類

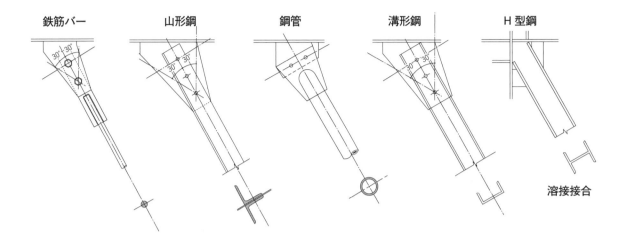

ブレースの形態

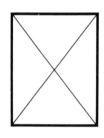
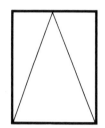
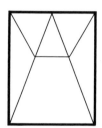
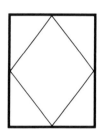

ターンバックルの種類

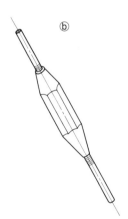
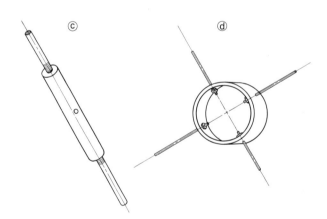

軸組を構成する架構体には柱，梁，壁のほかに，ブレース（筋違）がある。壁面ブレースの役割は重要で，風圧力，地震力などの水平力を，引張力または圧縮力の軸力に変え，経済的で剛強な建物を造ることができる。

壁面ブレースは鉄筋コンクリート造の耐震壁に相当するもので，鉄骨造にバランスよく，適所に配置すれば，「変形」や「ねじれ」などに対処することができる。

ブレースは設計応力のほかに，端部のゆるみ，ブレース材の伸び，材軸との偏心による影響を考慮して決定する。

ブレースは引張材または圧縮材となるが，鉄筋バーに代表されるように一般に引張材として使用するほうが有利である。

ブレース端部の「ゆるみ」「伸び」のため，架構体に多少の変形が生じてからでないとブレースの効力が発揮されない。このような変形を生じないように，鉄筋バーのブレースには，前もってターンバックルで緊張力を与える。この力を事前応力，またはイニシャルストレスという。

この応力が予想より大きいと，外力が加わったとき，これに抵抗する余裕がはなはだしく減じてしまう。これらを考慮して十分な太さのある材を用いるべきである。

ターンバックルは，図のⓐⓑⓒⓓのうち，ⓓはリングの変形が大きく，注意を要するので，あまり使用されていない。

屋根

屋根形式

ラーメン架構

フラット屋根

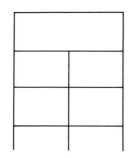

山形屋根

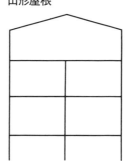

アーチ屋根

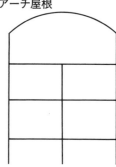

トラス架構

キングポストトラス(プラットトラス)柱付

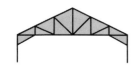

ハウトラス(柱付)

ワーレントラス(柱付)

プラットトラス

ハウトラス

ワーレントラス

山形ラーメン式トラス

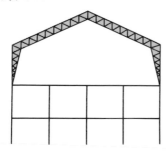

アーチ形ラーメントラス

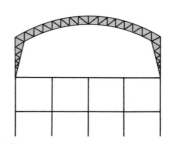

屋根は最上階の屋上形式とすれば，フラットラーメン，片流れラーメン，山形ラーメン，アーチラーメン，また各種トラス形式などがある。

これは最上階を1階とした平屋建ての場合も同様である。最上階は上部屋根荷重を支えるだけとなり，下階に比べて荷重が軽く，大スパン架構が可能となる。

したがって，最上階が大食堂，大会議場，ホール，オーディトリアム，体育施設その他，用途上大スパンを必要とする空間に使用されるのは，そうした構造的理由によることが多い。

鉄骨構造は他の材料による構造体と比較して，大スパン架構に最も適した構造形式である。

大スパンになれば，その架構は，アーチ，トラス，またそれぞれのアーチ式ラーメン，トラス式ラーメンなどがあり，立体構造形式として，HPシェル，円筒シェル，立体トラス，吊り構造による屋根形態，空気膜による屋根形態などがある。

フラットなラーメンは，大スパンになると梁の「曲げモーメント」「撓み」が大きく不経済となるので，形としては，山形やアーチ形に梁を傾斜させて，それらの影響を少なくすることによって，鉄骨造そのものの，自重が比較的軽く，強度性能が高いという特性が，大スパン架構を可能にしている。

鉄骨造はその軽量性により，水平力は地震時よりも風荷重によって算定される場合が多く，屋根の形にもよるが吹上げ力にも注意を要する。

多雪地域の屋根は，自重に比較して積雪荷重が大きな値を示すので，屋根勾配を急にするなどの処置を要する。

フラット屋上は，ビルタイプの階上床と構造的には大差なく，床版，小梁，大梁，柱へと力が流れ，最終的には基礎を通じて地盤に伝達される。

屋根

立体構造形式

HPシェル　　　　　　　　円筒シェル

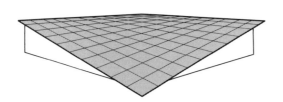
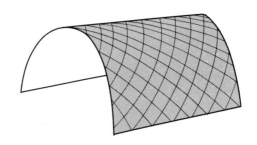

ドーム（測地線ドーム）　　立体トラス

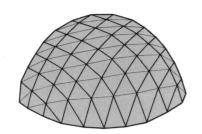
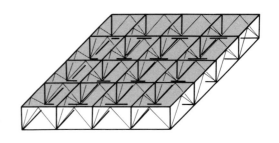

母屋材の形態

山形鋼　　　　　溝形鋼　　　　軽量リップ溝形鋼

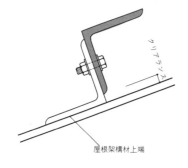
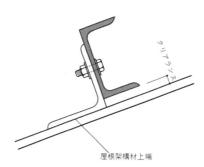
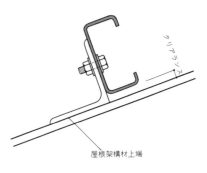

屋根に勾配がつくと仕上材との関連で母屋材と小梁が決まり，小梁から大梁，柱などの架構体へ力が伝達される。棟繋ぎ材，雲筋違，屋根ブレースの各部材が架構の一体性を高めている。

屋根の仕上材は，勾配に沿って平行でなければならない。この仕上材を取り付ける母屋は，胴縁取付けの場合と同様に，架構体からクリアランスをとり，施工を容易にし精度を高める。母屋材として，一般には山形鋼，溝形鋼，軽量リップ溝形鋼，などが多く採用されている。

ふつう，事務所建築などの屋上には，階段室，エレベーター機械室といったペントハウスが配置されている。ペントハウスの屋上には高置水槽，キュービクル，クーリングタワー，その他が積載されているが，これらはエレベーター機械荷重とともに，鉄骨造にとって構造上重要な要素となる。

そのほか屋上に設置されるもので，特に建物に力学的影響を与えるのは広告塔である。もちろん，広告塔の規模と建物の規模とのバランスが問題であるが，高い所に設置されるため相当の風圧力を受け，下部建物も自重の軽い中小規模の鉄骨造とすると，同じ風圧力の影響を受けるところから，この水平力が加算される。広告塔は，設計段階では設置の有無や具体的な条件が未定の場合も多いので，事前にその確認をとり，あらかじめ建物の構造計画に組み入れておかなければならない。

接合

鉄骨構造は，柱や梁などの各部材を工場または現場で接合することによって成り立っている。

規格部品を工場において接合したり組み立てたりして量産された部材を，さらに現場で全体として成立するよう組み立てることを「プレファブ」と称し，鉄骨造はプレファブ建築を代表するものとされる。そのもとになっているのが接合である。接合法は，機械的な力によって接合するリベット，高力ボルトおよびボルトなどによる工法と冶金学的な溶接工法とに大別される。

柱と柱，梁と梁同士の接合を継手と称し，柱と梁，大梁と小梁との取合いを仕口と称し区別されている。

リベット接合

リベットの軸断面の剪断力および引張力によって接合する方法で，接合する部材が薄いとか，リベット孔から材端までの距離の不足により部材が破壊される場合がある。2枚以上の材に孔をあけ，約800℃に赤熱したリベットを差し込み，ニューマティックハンマー（リベッティングハンマーともいう）により圧縮して頭を成形しながら締め付けて部材を接合する。最近では熟練工の不足や騒音・火災などいろいろの問題があることと，高張力鋼の接合に耐力不足を生じるおそれがあるなど，この接合法は取扱いに慎重を要する。

高力ボルト接合

高張力鋼で作ったボルトで接合部材を締め付け，材間に働く摩擦力で軸力を伝達し，接合する方法である。

ボルトは，締付け時に引張力により低応力範囲で伸びないよう炭素鋼を熱処理して高張力鋼としている。

引張強度に応じて，F8T（一種, $0.8 \sim 1.0 \mathrm{kN/mm^2}$），F10T（二種, $1.0 \sim 1.2 \mathrm{kN/mm^2}$）およびF11T（三種, $1.1 \sim 1.3 \mathrm{kN/mm^2}$）の3種類があるが，F11Tはおくれ破壊の問題があるので一般的にはF10Tを使用する。

リベットやボルト接合と違い，軸断面の剪断力や接合材の側圧力に期待しないため，摩擦がきれて滑りだすまでは剛接合である。そのために，接合材間の摩擦面やボルトに導入される軸力が問題で，品質，施工，労務などの監理が大切である。

被接合材に，浮き錆，油，塗装，ボルト孔あけのめくれ，黒皮などがある場合，摩擦面は不良である。

ボルトに導入される軸力であるが，実際は締付けトルクによっている。つまり，軸力を1本1本確かめているわけではないことが注意すべき点である。

ボルト接合

建築基準法施行令第67条では，一般的にボルト接合を認めていないが，その但し書で，小規模の建物において，ボルトがゆるまないようにコンクリートで埋め込むか，ナット部分を溶接するか，二重ナットを使用するかなどの条件を付けてこれを認めている。ふつう，ボルトには，黒ボルト（並ボルト），中ボルト，仕上ボルトなどがあるが，ボルトは中ボルト以上を使用すべきである。

ボルト接合の弱点は，ボルト孔と軸とのゆるみが問題で，部材の荷重による撓みに設計で予想された撓み量に個々のゆるみが加算されて，はるかに大きな値となる。これが建物全体の耐力に大きな影響を与えることに注意すべきである。力の伝達方法はリベットと大差ない。

接合部の力の伝達

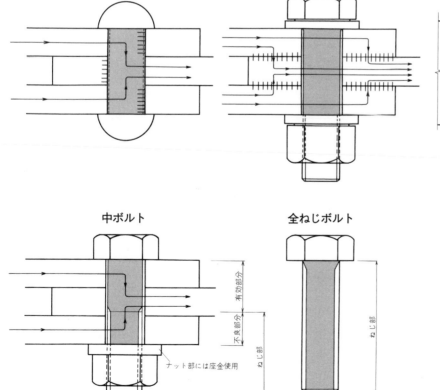

リベット　　高力ボルト　　リベット・ボルトの母材の破壊

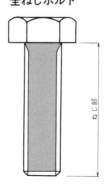

中ボルト

ボルトはねじ部の不良部分をなくして使用のこと

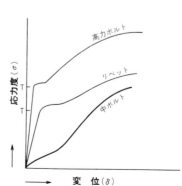

全ねじボルト

全ねじボルトは使用してはならない

T：高力ボルト・リベットのそれぞれの短期応力度

形鋼のゲージ　　　　　　　　　　　　　　　　　　　　　　　　　　　　　ピッチ

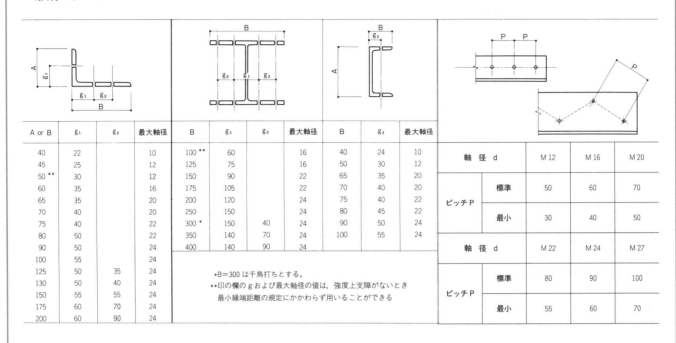

A or B	g_1	g_2	最大軸径
40	22		10
45	25		12
50 **	30		12
60	35		16
65	35		20
70	40		20
75	40		22
80	50		22
90	50		24
100	55		24
125	50	35	24
130	50	40	24
150	55	55	24
175	60	70	24
200	60	90	24

B	g_1	g_2	最大軸径
100 **	60		16
125	75		16
150	90		22
175	105		22
200	120		24
250	150		24
300 *	150	40	24
350	140	70	24
400	140	90	24

B	g_3	最大軸径
40	24	10
50	30	12
65	35	20
70	40	20
75	40	22
80	45	22
90	50	24
100	55	24

* B＝300 は千鳥打ちとする。
** 印の欄の g および最大軸径の値は，強度上支障がないとき最小縁端距離の規定にかかわらず用いることができる

軸径 d		M 12	M 16	M 20
ピッチ P	標準	50	60	70
	最小	30	40	50
軸径 d		M 22	M 24	M 27
ピッチ P	標準	80	90	100
	最小	55	60	70

溶接

アーク溶接（電弧溶接）

母材と溶接棒の間隔を適当に保ちながら，その間に電気による放電現象，アークを発生させ，そのときの高熱約5,000℃によって母材と溶接棒を一緒に溶かし，溶融金属が直接空気に触れないよう保護しながら一体となった接合部を作る方法である。

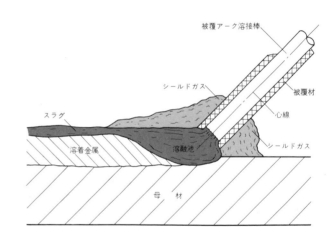

溶接関連用語

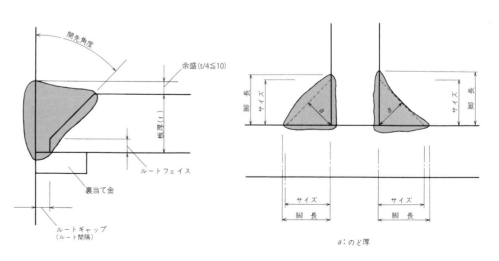

a : のど厚

接合

溶接接合

鋼材の接合にあたり，接合部分が相互に溶け合って一体となり，一つの部材になれば最も理想的である。現在の溶接はこの理想に近づいたものであるが，急激な高温によって冶金反応がともなうので，種々の欠点も生じやすい。高熱を発生させるために酸素やアセチレンガスを用いるのが「酸素溶接」「ガス溶接」である。これに対して，電気を用いるのが「電気溶接」で，ふつう使用されるのがそのうちの「アーク（電弧）溶接」であり，またこれにも種々の工法がある。

アーク溶接のアークの温度は約5,000℃の高温で，溶接棒と母材を溶融して接合するが，溶けた鉄が空気中の酸素や窒素と化合しないように保護されており，その仕方と溶接棒のあり方などで溶接工法が区分されている。

溶接棒は，一般に「心線（ワイヤー）」とその周囲に「被覆材（フラックス）」を付けたものからなり，心線は溶融して母材間に納まり，急激で高温な冶金反応に対応できる化学成分になっている。被覆材はこの溶融反応に欠陥が生じないように「シールドガス」を発生したり，「アーク」を安定させたりするほか，重要な役目を負っている。

溶接継手のなかに欠陥があると，鋭い切欠きを示し，その部分から容易に「ひび割れ」が進行して，ついには，構造物全体の崩壊へとつながることも予想されるので，溶接の取扱いには万全の配慮と細心の注意を要する。したがって，溶接作業の要所では関係係員が立ち合って十分な検査を行うべきである。

溶接工法

① 手アーク溶接（被覆アーク溶接）
② 自動アーク溶接（サブマージアーク溶接）
③ 半自動アーク溶接（炭酸ガスアーク溶接，無被包アーク溶接）
④ エレクトロスラグ溶接（消耗ノズル式エレクトロスラグ溶接）

などの工法がある。

① 手アーク溶接（被覆アーク溶接）
溶接棒を手で持って行う「手アーク溶接」は最も基本的な溶接工法で，溶接棒の被覆材が燃焼時にガスを発生し，アークを保護して外気のアークへの接触を防ぎ，溶着金属中の不純物を除去したり，被覆材中に脱酸，脱硫剤などの冶金反応元素を含有させた溶接方法。

② 自動アーク溶接（サブマージアーク溶接）
溶接棒の心線だけを自動的に供給するとともに，アークは母材の上に先に置かれた粉末状のフラックスのなかに潜って溶接するため，潜弧溶接とも称す。溶接機自体レールの上を走行し，ワイヤー繰出し，台車のスピード，フラックス量，溶込み量を調節できる完全自動溶接。ユニオンメルトともいわれる。

③ 半自動アーク溶接（炭酸ガスアーク溶接，無被包アーク溶接）
溶接棒（おもに心線）の繰出しが自動的で，運棒は手で行う溶接。おもに炭酸ガスアーク溶接，無被包アーク溶接で，能率は手溶接に比べて2～3倍である。

炭酸ガスアーク溶接

炭酸ガスアーク溶接は，アークと大気の接触を遮断するシールドガスに，炭酸またはアルゴンを噴出して行う溶接方法で，心線が自動的に送給されるので能率的であるが風に弱い欠点がある。

無被包アーク溶接

炭酸ガスアーク溶接の風に弱いところを改良したもので，フラックスが心線のなかに封入されているので，高温燃焼のガスが高圧で噴出してアークをシールドし，高電流溶接が可能で能率的である。ノンガスオープン溶接ともいわれる。

④ エレクトロスラグ溶接（消耗ノズル式エレクトロスラグ溶接）
エレクトロスラグ溶接は，おもに溶融スラグの抵抗熱によって溶接棒と母材を溶融して行う上進溶接で，厚板の立向き完全溶込み溶接に使用される。溶接後の歪みが小さく，大電流溶接で能率的なことが特徴であるが，溶着金属の靱性がやや劣る。

溶接継目の形式

① 完全溶込み溶接
② 隅肉溶接
③ 部分溶込み溶接

以上三つの形式がある。

① 完全溶込み溶接
溶接工作規準には「溶接部の強度が母材と同等以上になるように，継目の全断面にわたって完全な溶込みと融合とをもつ溶接をいう」とある。溶接は急激な高温による冶金反応で溶着させるものであるが，母材はその表面が1～3mm程度だけ溶け，溶接棒のなかの金属が溶けてその母材間を埋めて接合となる。そして完全溶込み溶接の形状を見ればわかるように，溶着金属が母材間で十分に密着するような型になっている。

この型は母材を削ってつくられ，この削られた形状を「開先」または，「グルーブ」という。したがって，完全溶込み溶接はグルーブ溶接ともいわれる。

② 隅肉溶接
溶接部の形状を見ればわかるように，母材と同程度に近い溶着金属が比較的多く母材間に存在する。継手としては，剪断力と小さな軸力を伝達する。

③ 部分溶込み溶接
母材間に存在する溶着金属が最も少ない溶接で，図のような形状を示す。しかし，建築主体構造には使用してはならない。

溶接についての留意点

① 急激な高温によって起こる冶金反応であるから，「母材の変調」および「熱歪み」が発生し，接合部の「元撓み」「元応力」の原因となる。

② 溶接開始の直後は，アークが安定しないため，欠陥溶接となりやすい。また溶接の終端はアークのためクレータとなり，ここに不純物が残りやすく，冷却中に亀裂が発生しやすい。

③ 接合部の耐力は溶接技能士の技量による度合が大きいが，それが個々にまちまちで均一性がなく，資格にも種類があるように複雑である。

④ 接合される板厚と溶接棒の径，溶接機の電流の量，および溶接棒の運行速度などの組合せが適切でなければならない。また溶接棒の管理，母材によるその種類の使い分け，気温により母材を温める作業など取扱いが複雑である。したがって，溶接条件，余熱，パス間温度の管理等が非常に重要になる。

以上は溶接についての留意点の概要である。

溶接は，鋼材接合方法のなかで最も大きなウェイトを占め，その技術は鉄骨造建築の発展と向上に直接影響するものだから，今後の開発に期待するところが大である。

そのほかには，日本建築学会「鋼構造設計規準 16章溶接」と同学会「溶接工作規準」による。溶接技能士は，JIS Z 3801の判定基準による専門級（立向，上向，横向）溶接技能士により行うこと。同基準による基本級（下向溶接だけ合格）溶接技能士は，原則として，作業を行ってはならない。

溶接を行う前に，鋼材，溶接棒，溶接機などの種類，溶接の順序，姿勢，歪みの防止について施工計画を練り万全を期すべきである。

① 完全溶込み溶接継目

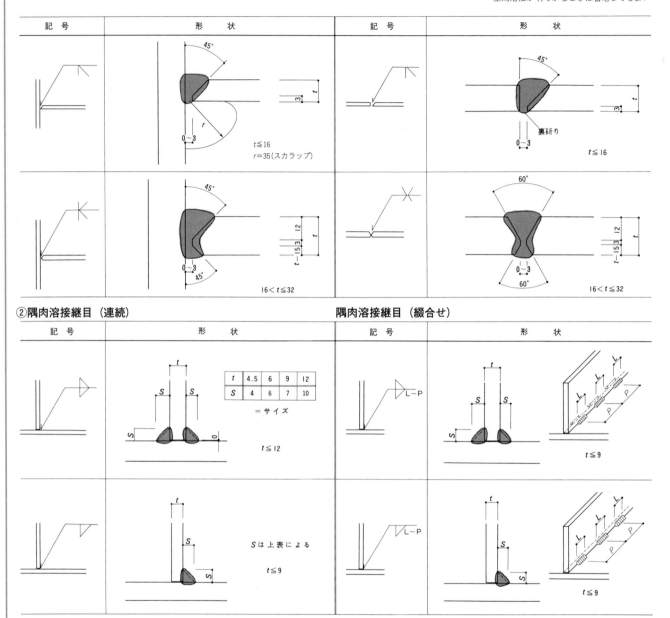

② 隅肉溶接継目（連続）　　隅肉溶接継目（綴合せ）

③ 部分溶込み溶接（建築主体構造には用いない）　　完全溶込み溶接立体図

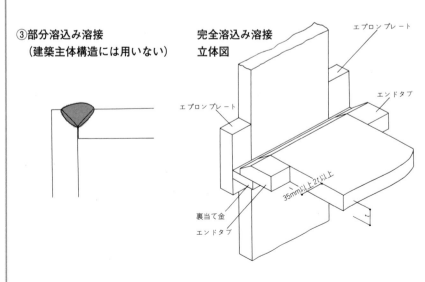

完全溶込み溶接の裏当て金，エンドタブを用いた例

溶接継目の許容応力度 （SN 400 級）

板厚（大）	継目の形式	長期応力の許容応力度 (N/mm^2)			
		圧縮	引張	曲げ	剪断
$t \leq 40$	突合せ（完全溶込み溶接）	156	156	156	90
	隅肉（完全溶込み溶接以外）	90	90	90	90
$100 \geq t > 40$	突合せ（完全溶込み溶接）	143	143	143	83
	隅肉（完全溶込み溶接以外）	83	83	83	83

短期応力の許容応力度は長期許容応力度の1.5倍

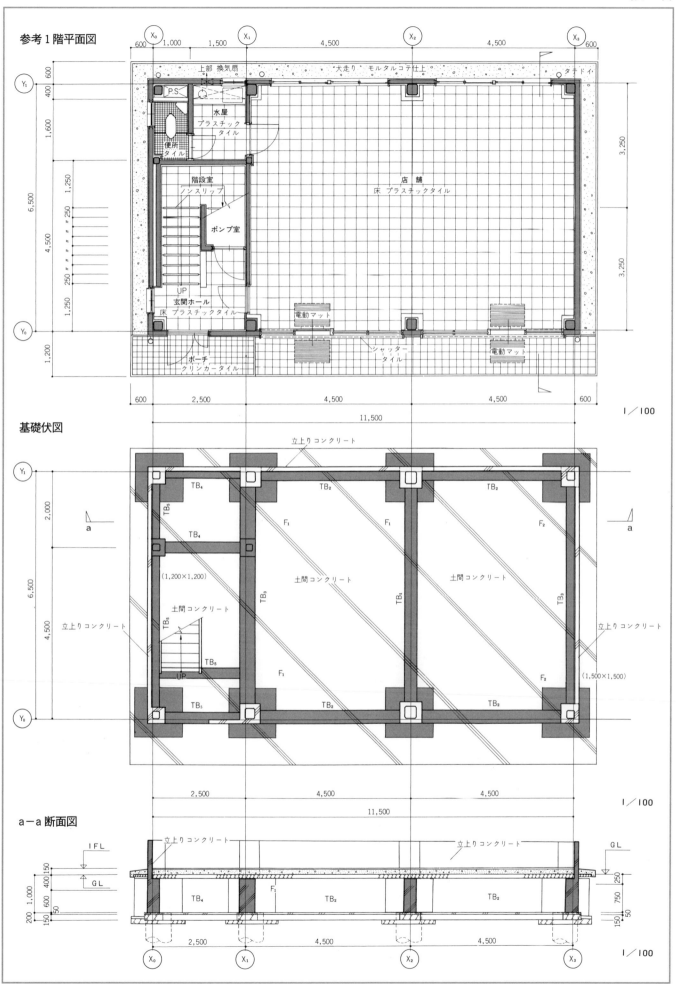

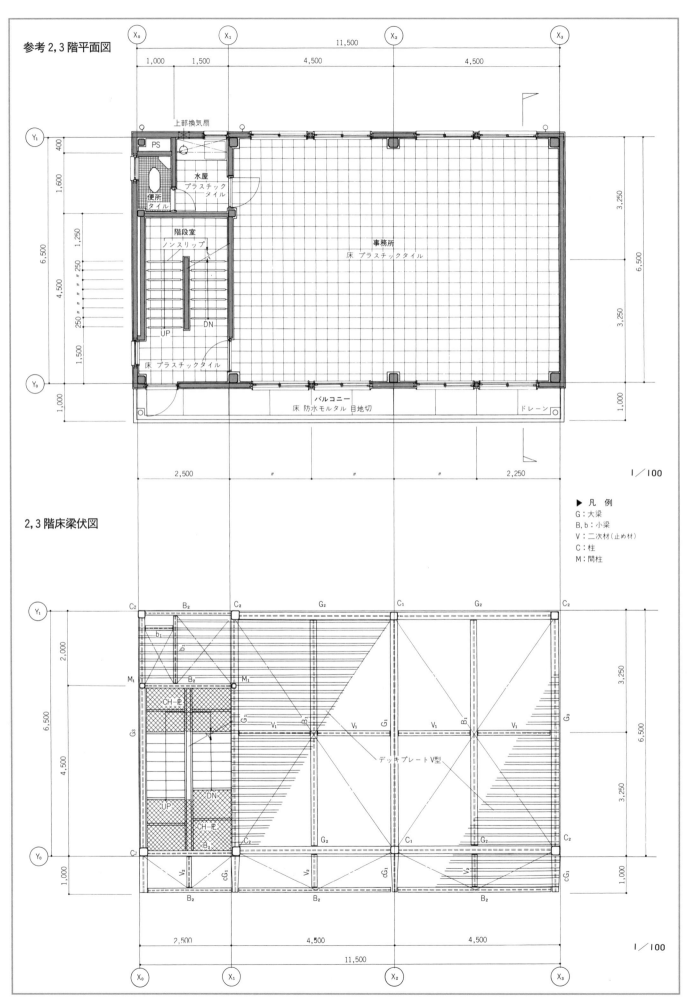

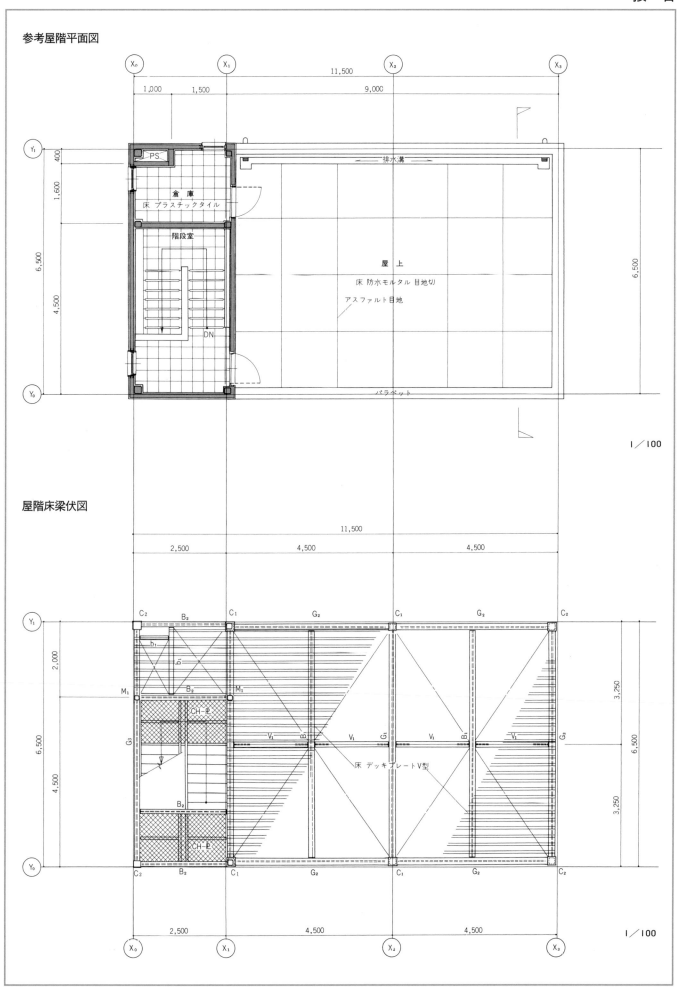

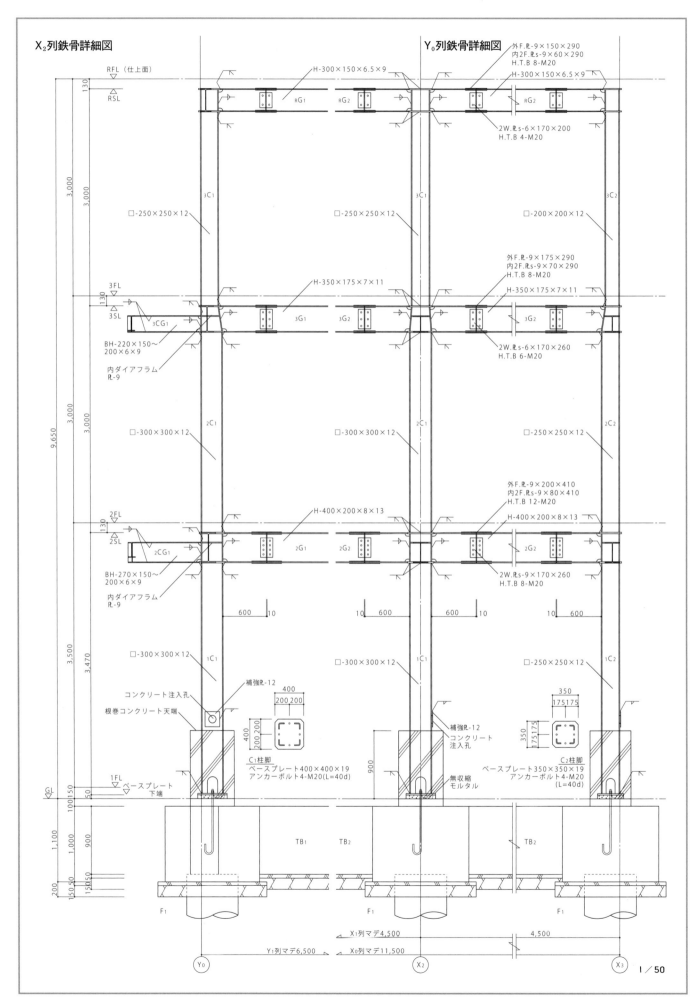

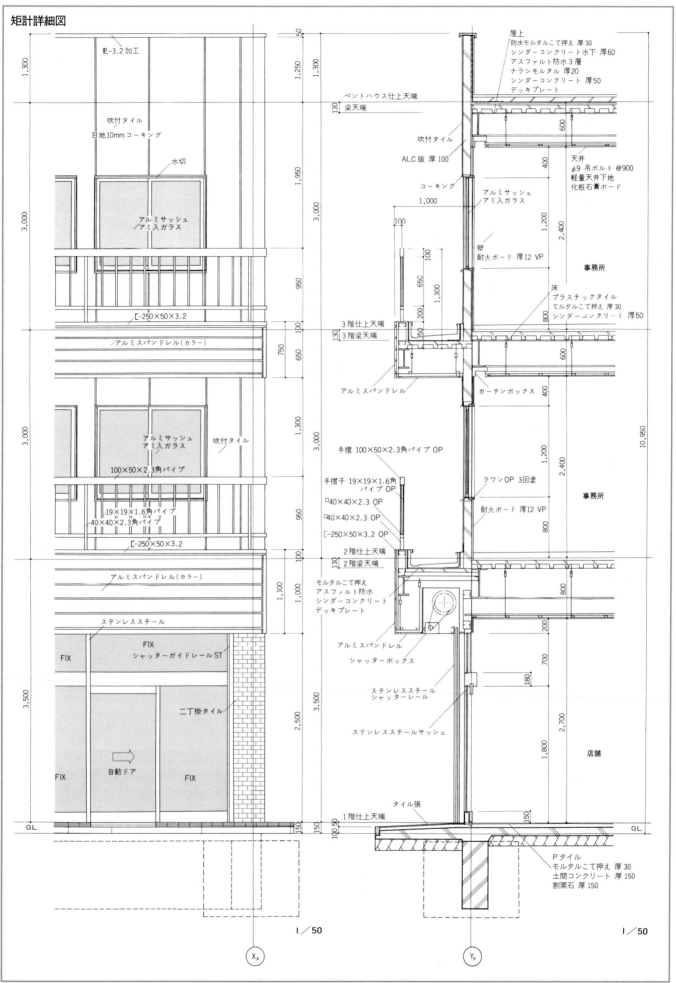

II 部位別ディテール

ディテール部位分類表

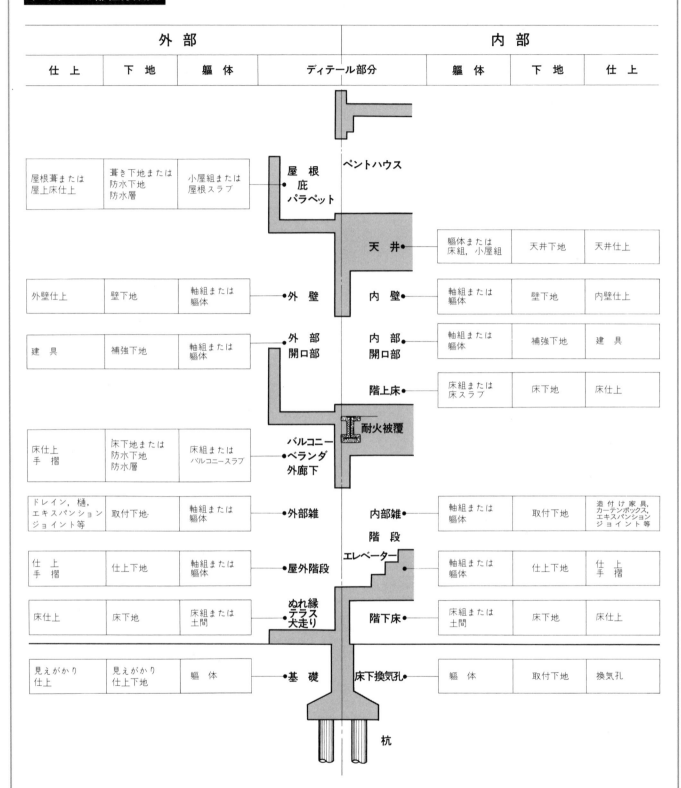

鉄骨造ディテールを解説するにあたり，整理上，部位別として，「床」「壁」「開口部」「天井」「屋根」「階段」の6項目，それに「耐火被覆」「雑詳細」の2項目を加えて，8項目に分類した。各部位のディテールについては，他の構造体のディテールとの重複を避けるべく，鉄骨造の構成特性の表現に重点を絞り，「軀体」「下地」「仕上げ」の標準的な取付けや納め方を，比較的鉄骨造にプライマリークラスの人々を対象に，実用に役立つよう配慮した。耐火被覆は，構造体の特性を最も端的に表わす処理として，鉄骨造設計には欠かせない問題なので1項目を設けた。鉄骨造は，鉄筋コンクリート造と異なり，防火・防災上の多くの法的規定を受けるので，設計にあたって，特にこの点に細心の検討が必要である。

雑詳細として取り上げられるものは範囲が広いので，エレベーターまわり，エキスパンションジョイント，ルーフドレインまわりを重点的に記載することにした。

床

床は，階下床と階上床に区分され，その仕上げのディテールは同じであるが，床組の構成がまったく異なる。階下床組は床荷重の大半を直下の地盤に支持させる床組であり，階上床は床荷重を軀体に伝達させる床組で，軀体構造の一要素をなす。

階下床

階下床の床組は，土間コンクリート床，転ばし床組，束立て床組などが通常採用されるが，地盤が軟弱な場合は構造床とすることもある。階下床で注意すべき点は，地盤に接する位置的条件から，防湿・断熱の対策，支持地盤沈下による影響，である。

防湿・断熱の対策

鉄骨造建物の階下床は土間コンクリートの場合が多く，床面に浸透した湿気は柱脚部分や壁下地鋼材の腐食の原因につながることが多い。したがって，捨てコンクリート上部に，アスファルト防水層，ポリエチレンフィルムシート（防湿層），発泡ポリスチレン（断熱材）などを敷き込んで透湿を防止し，断熱効果をはかる処置を必要とする。また，束立て床組も床下換気孔を十分に設置して湿気を回避すべきである。

支持地盤沈下による影響

階下床は，その構成上支持地盤の影響を直接受ける。特に，鉄骨造や鉄筋コンクリート造の場合，基礎，地中梁の根切り・埋戻し部分の地盤はどうしても軟弱になりがちで，そこに当たる床束の不同沈下を完全に避けることは困難である。地盤支持でない階上床の床組とすれば解決するが，通常の階下床組では床下部分の地盤を十分に突き固め，土間コンクリートは床と壁基礎の接合部に補強鉄筋を入れるなど，不同沈下を考慮した設計と入念な施工が望まれる。

階上床の床組

ラーメン架構の一般的作用として，階上床の荷重は梁から柱を通して基礎に伝達される。梁は，そこに生じた剪断力，曲げ応力を柱に伝える役目をする。階上床の床組は階下床とまったく異なり構造的な扱いとなるから，基本計画の段階で，柱の配置，梁の配列を立体的に検討し，無理な納め方，入り組んだ床伏を避け，合理的で経済的な構造設計ができるよう整理しておくべきである。複雑な架構やディテールは，鉄骨造がもつプラス面を減少する結果となる。鉄骨造の梁は，「単一梁」「組立て梁」に大別される。単一梁としてⅠ形鋼，H形鋼（中幅・細幅），溝形鋼がふつう使用され，組立て梁としてはプレート梁，ボックス梁，トラス梁，ラチス梁，梯子梁，ハニカムビーム——H形鋼のウェブを切断加工して梁成を大きくしたオープンウェブ梁で，自重を一定にして曲げ耐力を増加させたものであり，一般に六角形の開口部が連続した形——などがある。単一梁，プレート梁など，ウェブに隙間がなく完全に鋼板で構成された梁を充腹梁，ウェブに開口部が連続して配置された梁をオープンウェブ梁と称する。単一梁は断面が一律で，部分的に応力に応じた断面調整ができないので，大スパンには不経済で不向きであり，オープンウェブ梁は1本の梁の部分で応力の変化に準じた断面，成，弦材の変化が調整できるので大スパン向きである。

階上床の床組は，大梁，小梁，水平ブレースで構成され，柱のつなぎ，スパンの間隔，荷重，梁が受ける種々の応力，床版の種類と形状，間仕切壁との関連などによって，梁の形態，配列，高低差が決定される。水平ブレースは，壁ブレースとともに風や地震の水平力による構造体の捩れや歪みなどの変形を防ぐ補強材で，一般に形鋼や鋼棒が用いられ，架構体に一体性をもたせる重要な役割をなす。

階上床の床版

鉄骨造の階上床として，床組に支持される床版には次の形態がある。

根太形式

木造大引，またはアングルか溝形鋼の大引を梁間に渡し，木造根太を掛ける。ごく小規模な鉄骨造に使用されるが，一般向きではない。

床鋼板（スチールデッキ）

床鋼板とは，広幅帯鋼を冷間ロール成型法によって，強度上合理的な波形に成型された波形鋼板で，「デッキプレート」「キーストンプレート」「合成スラブデッキ」と称され，肉厚，溝の深さ，ピッチの大小，溝の形状などは各種豊富である。使用方法として，床鋼板自体を構造床とする方法，コンクリートとの合成床版とする方法，コンクリートの捨て型枠として使用する方法，などがあげられる。

施工は，規格版長に割り付けられた受材に床鋼板を敷き並べ，形状に合わせて切り欠き，開口部補強をなし，重ね寸法，通り，高低差を修正調整のうえ，隅肉溶接，栓溶接，点溶接，ボルト接合，タッピングねじ止め，その他の方法で受材に取り付ける。床鋼板は，軽量で断面性能が高く，特にサポートの不要は，現場スペースの確保，現場作業の安全性と能率化をはかるので，ALC版とともに鉄骨造床として最も一般的である。ただし，鋼板の体質として非耐火性から，法規上，捨て型枠として使用する以外は耐火被覆の規定を受ける場合が多い。

各種パネル

各種パネルを床版として用いるもので，ALC版，PC版（プレキャストコンクリート版），などがある。ALC版は，オートクレーブ養生して製造された軽量気泡コンクリート製のパネルで，強度，軽量性，断熱性，遮音性（衝撃音に弱い），耐火性，施工性の点で合理的な構造材として，屋根，床，外壁，間仕切壁に使用される。床パネルとして使用上の要点は，パネル厚はスパンの1/25以上かつ7.5cm以上，両端のかかりはスパンの1/75以上かつ4cm以上とする。パネルは，両端支持の単純梁として使用し，水平剪断力は負担させない。過大な集中荷重または衝撃を受ける箇所への使用は避けるか，あらかじめ構造軀体に支持させる設計にしておく。パネルの吸水は強度や断熱性の低下をきたすので，水場や多湿の場所には入念な防水処理を要する。ALC版のみでは重量衝撃音の遮断性に問題があるので，対処法に注意する。直仕上げの場合は，均しモルタルを塗ってパネルの損耗や衝撃を保護する。この際，梁上など亀裂を生じやすい部分には溶接金網で補強することが必要である。軸部との取付けには，受梁上面の突起物や段差などの下地調整を行い，取付け専用金物を用いて接合する。現場での切断や欠込みは，耐力上の支障となるので，パネルの割付け計画を事前に検討しておく。PC版は，特殊な養生によって工場生産されたパネルで，普通コンクリート版と気泡コンクリート版とに大別される。普通コンクリート版は，一般にPC版として，壁式プレキャスト鉄筋コンクリート構造の耐力材，カーテンウォール用，空洞プレストレストコンクリート版などがある。気泡コンクリート版のうちオートクレーブ養生して製造されたものは，低比重のわりに強度が高く，断熱性もALC版に次ぎ，遮音性も比較的良好である。

鉄筋コンクリートスラブ

在来型枠工法によるもので，鉄骨梁とコンクリートスラブとの合成効果を上げるため，シアコネクターとして，梁フランジ面にスタッドボルト，合成鉄筋を溶接しておく。鉄骨造は架構上，柔構造なので振動性をともなうから，床版は鉄筋コンクリートスラブのような剛性の大きいものが望ましいが，プレファブ性や軽量性に欠ける。

木造床組

梁から上部を木造床組としたもの。

特殊床版工法

W式床版工法，大型床版工法など。

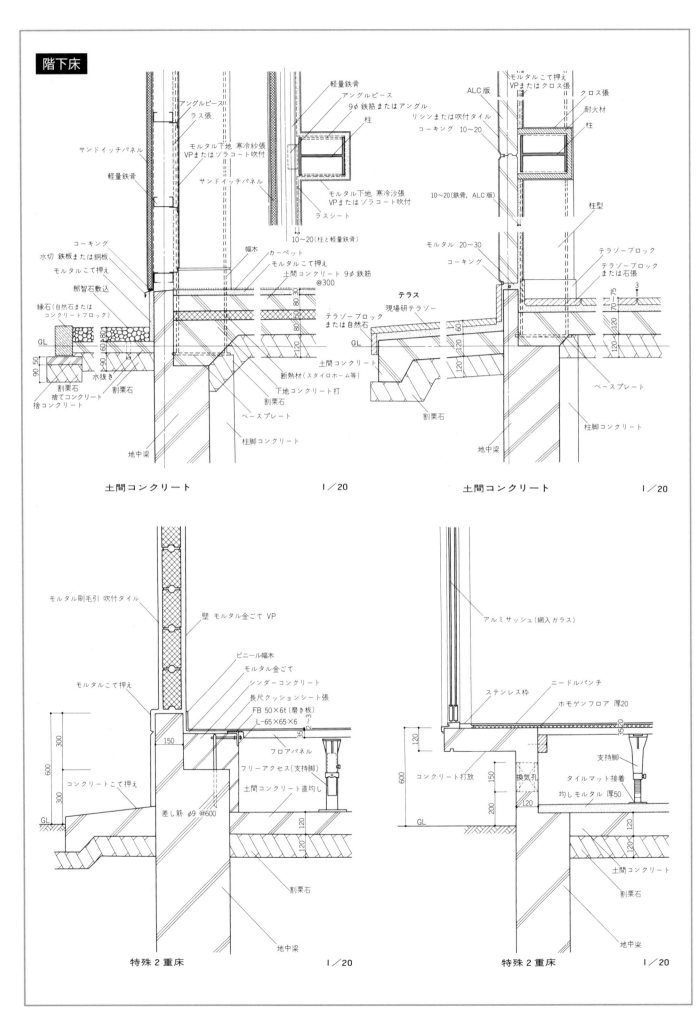

床

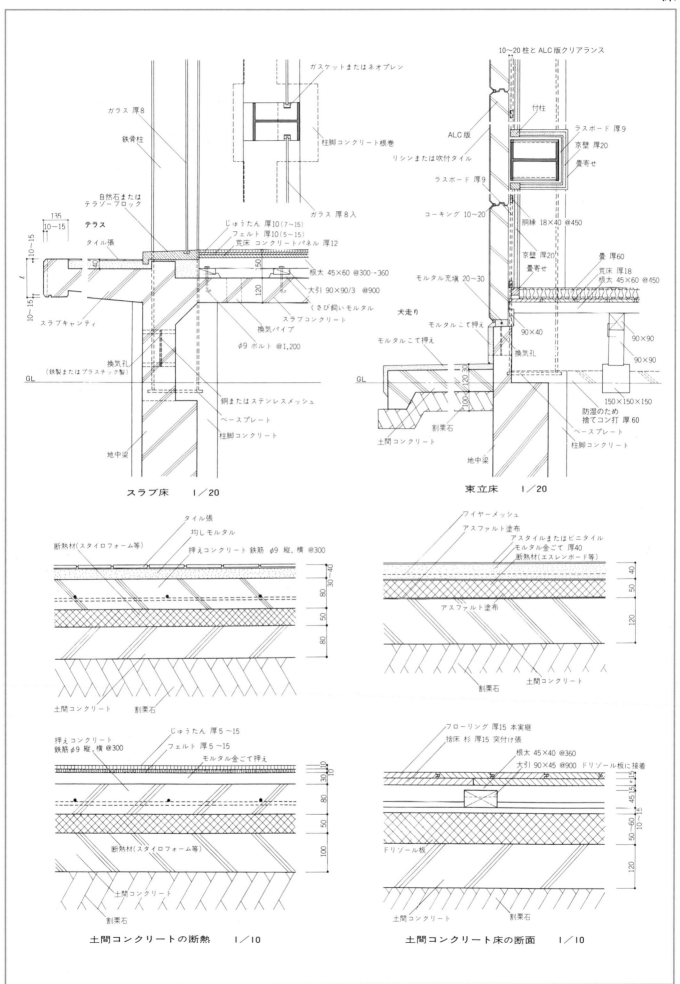

階上床

デッキプレート下地

デッキプレート補強・切断 (1)

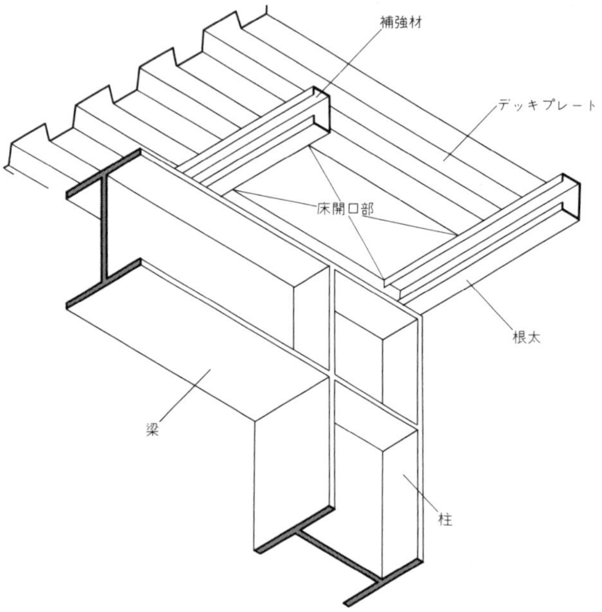

- 補強材
- デッキプレート
- 床開口部
- 根太
- 梁
- 柱

デッキプレート補強・切断 (2)

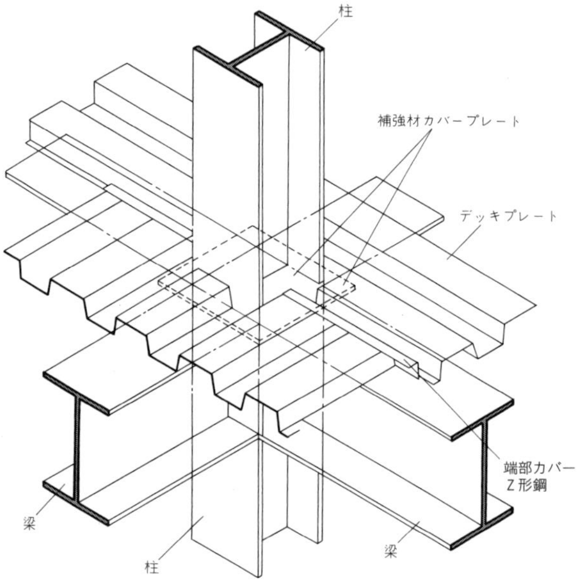

- 柱
- 補強材カバープレート
- デッキプレート
- 端部カバー Z形鋼
- 梁

縦方向継手

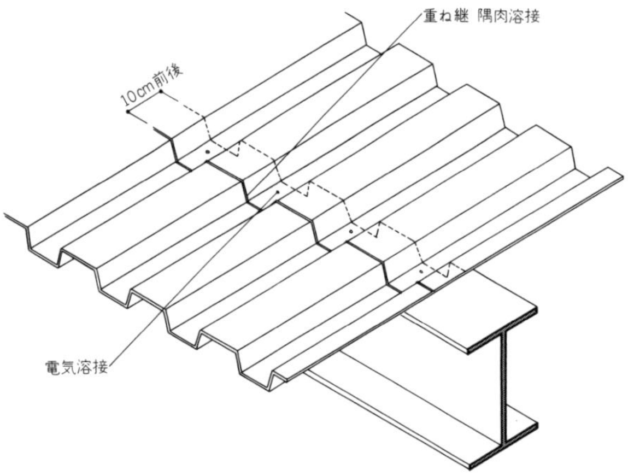

- 重ね継 隅肉溶接
- 10cm前後
- 電気溶接

横方向継手

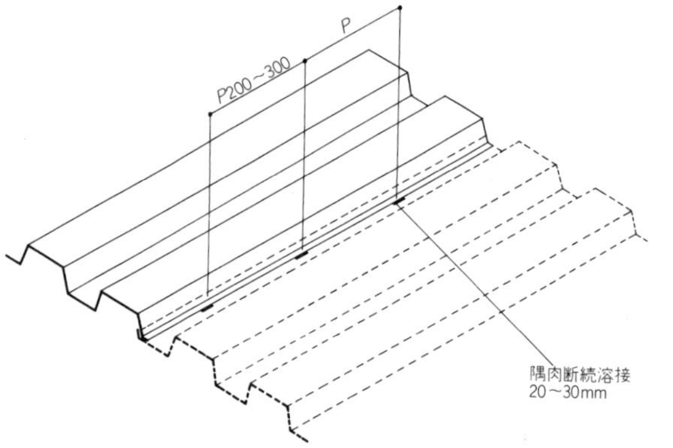

- P200～300
- 隅肉断続溶接 20～30mm

端部の塞ぎ方

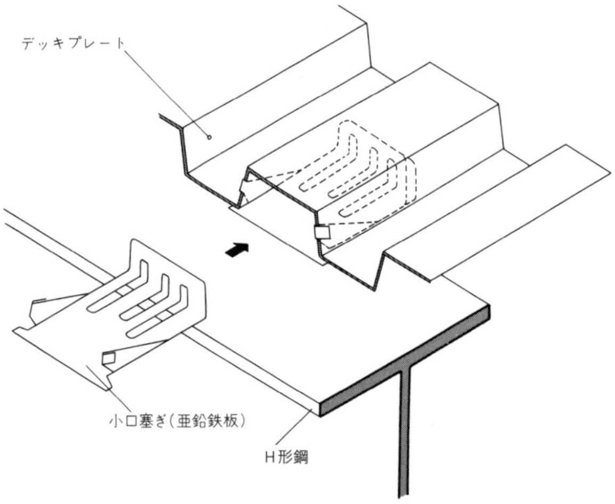

- デッキプレート
- 小口塞ぎ(亜鉛鉄板)
- H形鋼

デッキプレート取付け方法

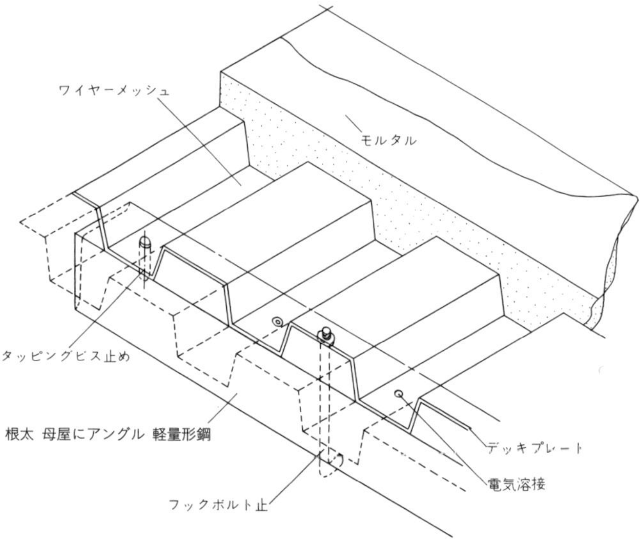

- ワイヤーメッシュ
- モルタル
- タッピングビス止
- 根太 母屋にアングル 軽量形鋼
- フックボルト止
- デッキプレート
- 電気溶接

床

その他の床版

図ⓐ　キーストンプレート床

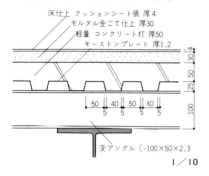

図ⓑ　V型デッキプレートと木造床組

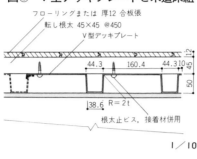

図ⓒ　V型デッキプレートと在来工法による配筋スラブ

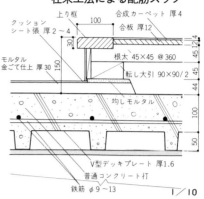

図ⓓ　V型デッキプレートによる捨て型枠工法によるスラブ

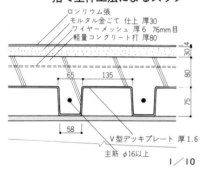

図ⓔ　U型デッキプレートによるセルラーフロア

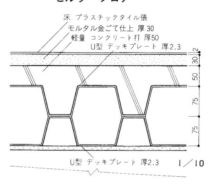

図ⓕ　在来型枠工法によるスラブと木造床組

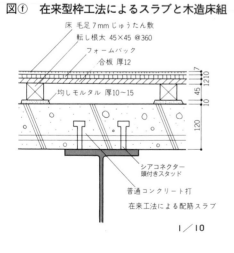

図ⓖ　ALC版スラブと畳床組

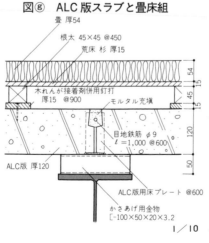

図ⓐ〜ⓓはスチールプレート（キーストンプレート，デッキプレートなど）を使用した床版例と床組であるが，中規模鉄骨造に使用されるスチールプレートに関しての考え方と使用方法として，単に型枠代わり，根太・大引代わりとして使用する場合と，スチールプレート自身の強度，性質などを利用し，構造床とする場合の二つで，図ⓐ〜ⓒは前者にあたり，図ⓓ，ⓔは後者を示す。図ⓓの工法はデッキプレート捨て型枠工法といい，在来工法のコンクリート床版施工の欠点である，型枠，サポートの使用などのデメリットを改良したものである。図ⓔはスチールプレートの構造性を利用し，2枚合せのセルラー状にして強度の増加をはかった床版で，セルラーフロア工法という。図ⓕは純然たる在来工法による床版と床組，図ⓖはALC床版と畳床組例である。スチールプレート小口の塞ぎ方は，おもに金物で小口に蓋をする各種の方法と，加工工場において使用寸法に切断し部材の両端部をプレスで特別加工を行い，現場における小口塞ぎを不要としたエンドクローズ加工方法がある。ⓒ〜ⓕの例で，構造材（柱・梁）に耐火被覆が施されれば耐火構造の躯体となる。

M型デッキプレートによる露出防水

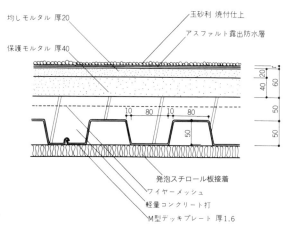

W型デッキプレートによるスラブと防水層

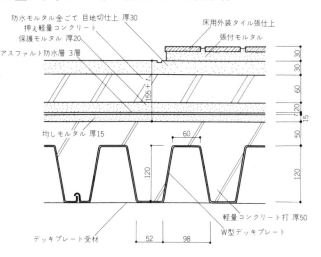

デッキプレートの形状と寸法

キーストンプレート
スラブプレート
V型デッキプレート

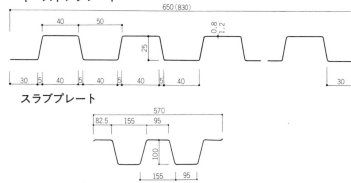

M型デッキプレート
U型デッキプレート

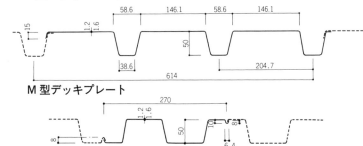

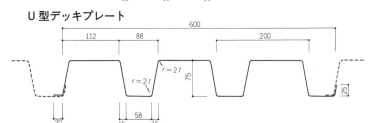

W型デッキプレート

デッキプレート・キーストンプレートの割付けと取付け

割付け計画

デッキプレート・キーストンプレートを使用する場合，割付け図を作成し，梁や胴縁との関係，入隅と出隅や窓際などの波の納まりを，前もって明確にする必要がある。

長さの割付け

デッキプレートの定尺は6mから12mまで1mきざみにあるので，計画的な割付けを行い，手間のかかる現場切断や無駄なスクラップが出ないようにする。そして，継手は梁上で行うとともに，プレート端部の梁架かり代5cm以上を見込む長さを決めること。

幅の割付け

幅方向が製品寸法で割り切れない場合，長手方向に切断して波を寄せる。一般に壁際の納まりは山で止まるより谷で止まるほうが良い結果が得られ，窓や出入口の方立でも山で出合うと雨仕舞に困難をきたすので，谷で合う割付けが必要となる。以上のように幅方向の両端を谷で合うようにすると，規格寸法のピッチで割り切れない場合が多いので，波を何カ所か吹寄せして調整する。

梁との接合

梁との取付けは，①隅肉溶接，②栓溶接，③点溶接，④ボルト，⑤タッピングビス，⑥その他，の方法によるが，現在は溶接がおもに採用されている。また受材の梁天端はボルトヘッド，カバープレートにより平坦が期せないので，かさあげ金物などによる調整が必要となる場合が多い。

デッキプレート幅方向連続吹寄せ継手例

合成スラブ用デッキプレート

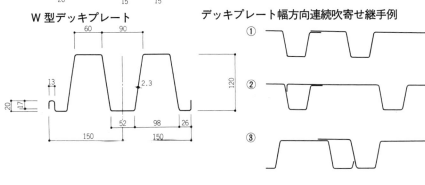

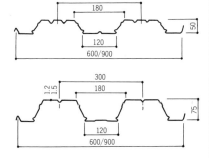

床

合成スラブデッキ下地

デッキプレートの敷込み

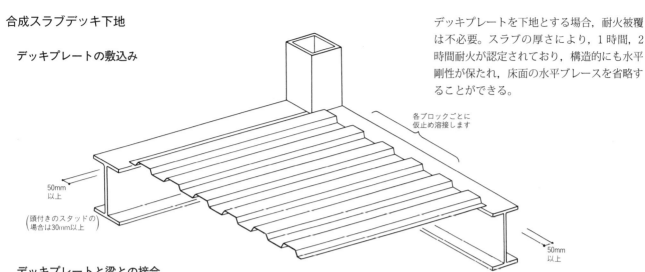

デッキプレートを下地とする場合，耐火被覆は不必要。スラブの厚さにより，1時間，2時間耐火が認定されており，構造的にも水平剛性が保たれ，床面の水平ブレースを省略することができる。

デッキプレートと梁との接合

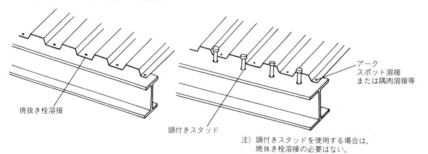

溶接金網の敷設

ⓐ 連続支持合成スラブの場合

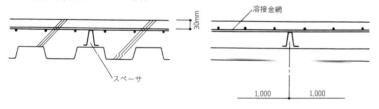

ⓑ 単純支持合成スラブの場合

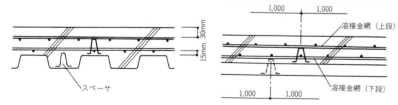

ⓒ 溶接金網の重ね部

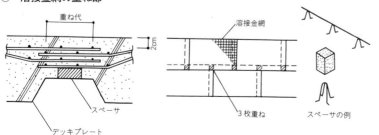

デッキプレートの敷込み
支持梁の墨出し線に合わせて1枚目のデッキプレートを仮止め溶接した後，順次適当な枚数間隔（5〜10枚）ごとに仮止め溶接する。

デッキプレートと梁との接合
合成スラブと梁とは焼抜き栓溶接または頭付きスタッドで結合する。デッキプレートと梁とは焼抜き栓溶接で接合するか，または，頭付きスタッドを用いる場合は，頭付きスタッドの施工前に，隅肉溶接，アークスポット溶接等で接合する。

デッキプレート相互の接合
デッキプレート相互の接合は，溶接・ビス・かしめ・嵌合等により，構造上・耐火上有効に行う。

デッキプレートの防錆
亜鉛めっきされていないデッキプレートの場合は防錆処置をする。

溶接金網の敷設
ⓐ 連続支持合成スラブの場合
デッキプレート上にスペーサを1.0m以下のピッチで入れ，溶接金網を，スラブ上面より30mmのかぶり厚を確保して床全面に敷き並べる。

ⓑ 単純支持合成スラブの場合
デッキプレート上にスペーサを1.0m以下のピッチで入れ，上端の溶接金網をスラブ上面より30mm，下端の溶接金網をデッキプレート山上より15mmのかぶり厚を確保して2段に配筋し，床全面に敷き並べる。

ⓒ 溶接金網の重ね部
重ね代寸法は1メッシュと50mm以下とする。3枚重ね，または4枚重ね部分は，溶接金網の一番上のコンクリートのかぶり厚さが2cm以上になるよう，丈の低いスペーサを用い，溶接金網を変形させて納める。また，コンクリートが薄い場合，4枚重ねより，3枚重ねのほうが施工が容易になるので少しずらして3枚重ねとする。

各種デッキプレートの重量および性能

呼び名（旧JIS）、H×B×b1×b×t (mm)		断面積 (cm²/m)	単位面積当たりの重量 (N/m²)	重心の位置 (cm)	断面2次モーメント (cm⁴)	断面係数 (cm³)	溝部分のコンクリートの換算厚さ (cm)
AKD08、AKC08	25×90×50×40×0.8	11.31	87.1	1.25	12.2	9.80	1.19
AKD10	25×90×50×40×1.0	14.04	108.1	1.25	15.0	12.0	1.17
ANA12、AKC12	25×90×50×40×1.2	16.73	128.8	1.25	17.5	14.0	1.16
AKD12、ANA16	25×90×50×40×1.6	22.01	169.5	1.25	22.3	17.8	1.13
ALB12	50×204.7×58.6×38.6×1.2	16.47	126.8	3.43	60.5	16.0	1.13
ALB16	50×204.7×58.6×38.6×1.6	21.82	168.0	3.43	78.5	21.6	1.11
ALF12	50×204.7×110×90×1.2	16.47	126.8	2.54	74.8	22.9	2.36
ALF16	50×204.7×110×90×1.6	21.82	168.0	2.54	97.5	36.6	2.33
ALH12	75×200×65×58×1.2	20.16	155.2	4.60	180	35.5	2.23
ALF16	75×200×65×58×1.6	26.69	205.5	4.60	235	48.2	2.20

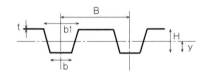

注）「呼び名」は旧JISに定められていたもので、現在はほとんど使用されていない。現在のJIS G3352では種類の記号（めっきの付着量表示記号）-H×B×b1×b×tとなっている。「種類の記号」は鋼板の材質を表すSDP、「めっきの付着量表示記号」はZ・YあるいはAZで始まる季語になる。ただし、実際にはメーカーの製品名や型番で指示されることが多いので、使用種別によってメーカーカタログを等を確認する。

合成スラブ用デッキプレート

種類寸法	板厚 t mm	製品幅 mm	断面積 A cm²	製品重量 N/m(kg/m)			m²当り重量 N/m²(kg/m²)			全断面有効		有効幅考慮
				亜鉛めっきなし	亜鉛めっき7.12	亜鉛めっき7.27	亜鉛めっきなし	亜鉛めっき7.12	亜鉛めっき7.27	中立軸 Y cm	断面2次モーメント Ix cm⁴/m	断面係数 Z cm³/m
50-12	1.2	600	9.784	75.3(7.68)	76.3(7.78)	78.4(7.99)	126(12.8)	127(13.0)	130(13.3)	2.52	66.3	26.3
50-16	1.6	600	13.02	100(10.2)	101(10.3)	103(10.5)	167(17.0)	169(17.2)	172(17.5)	2.53	87.1	34.4
75-12	1.2	600	10.65	82.0(8.36)	83.0(8.46)	85.2(8.69)	136(13.9)	138(14.1)	142(14.5)	3.81	163	36.3
75-16	1.6	600	14.19	109(11.1)	110(11.2)	113(11.5)	181(18.5)	183(18.7)	188(19.2)	3.84	216	54.6

コンクリートデッキプレート床の種類

指定番号	品目名	主構成材料		
		コンクリート種類厚さ	鉄筋	デッキプレートJIS(高さ)
F 2051	鉄筋入人工軽量骨材コンクリートデッキプレート(80mm)床	軽量 80mm	φ13	ALM (75)
F 2068	鉄筋入人工軽量骨材コンクリートデッキプレート(80mm)床	軽量 80mm	φ13	ALM, BLD (75)
F 2071	鉄筋入人工軽量コンクリートデッキプレート(80mm)床	軽量 80mm	φ13	ALM, BLD (75)
F 2073	鉄筋入軽量骨材コンクリートデッキプレート(80mm)床	軽量 80mm	φ13	ALM, BLD (75)
F 2040	鉄筋入普通コンクリートデッキプレート(80mm)床	普通 80mm	φ13	ALM, BLD (75)
F 2067	鉄筋入普通コンクリートデッキプレート床	普通 85mm	φ13	ALM (75)
F 2070	鉄筋入普通コンクリートデッキプレート(85mm)床	普通 85mm	φ13	ALM, BLD (75)
F 2036	鉄筋入デッキプレート床	軽量 90mm	φ13	ALM (60)
F 2069	鉄筋入人工軽量コンクリートデッキプレート(80mm)床	軽量 80mm	φ13	ALM (60)
F 2072	鉄筋入人工軽量コンクリートデッキプレート(90mm)床	軽量 90mm	φ13	ALM (60)
F 2076	鉄筋入普通コンクリートデッキプレート(85mm)床	普通 85mm	φ13	ALM, BLD (75)
F 2078	鉄筋入普通コンクリートデッキプレート(85mm)床	普通 85mm	φ13	ALM, BLD (75)
F 2079	鉄筋入人工軽量コンクリートデッキプレート(80mm)床	軽量 80mm	φ13	ALM, BLD (75)

床

水場の防水処理

便所・浴室

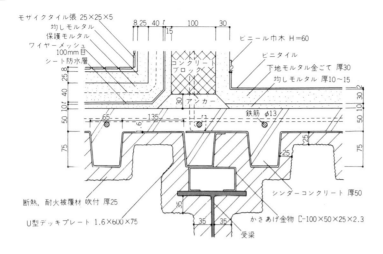

便所

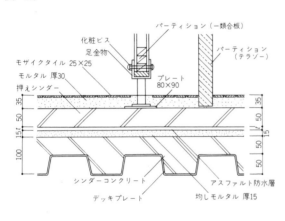

浴室

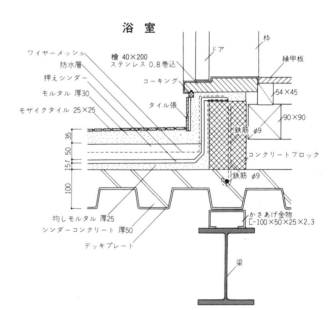

屋内水場

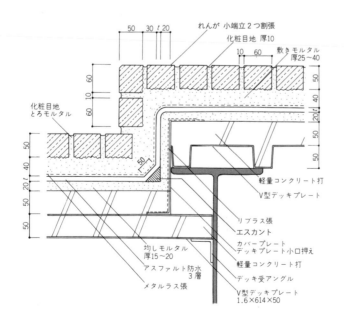

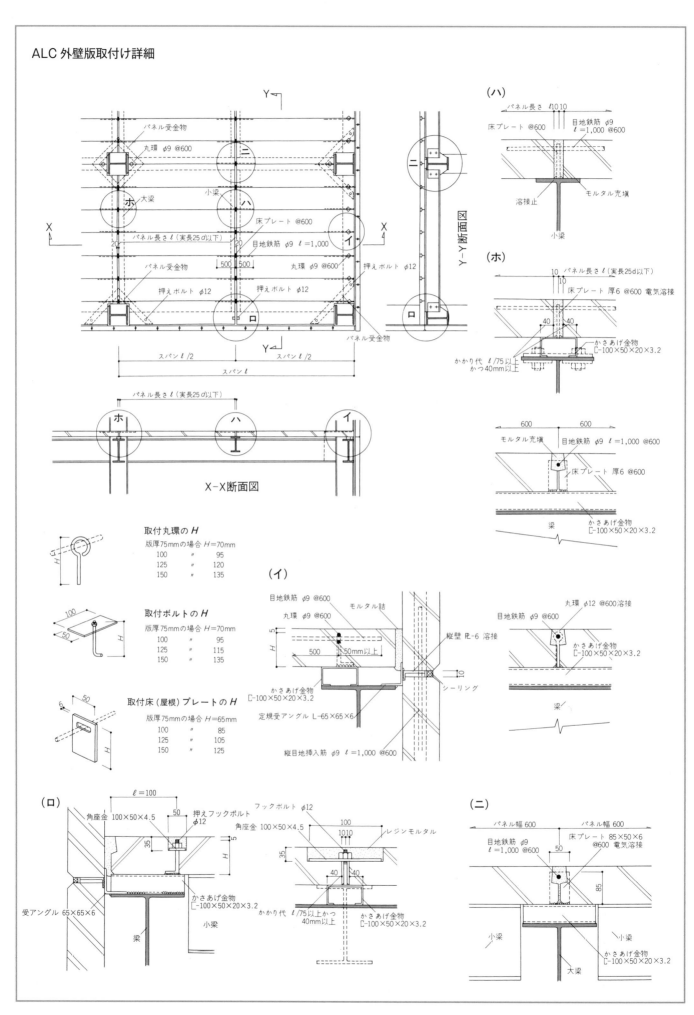

ALC外壁版取付け詳細

床

ALC床版の各種仕上げ

プラスチックタイル / **タイル** 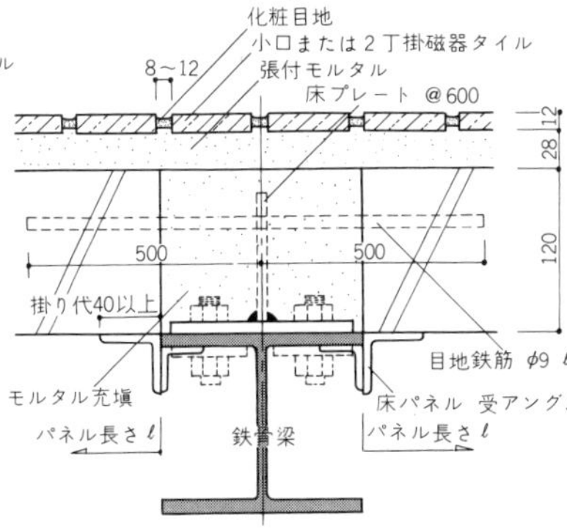 / **カーペット**

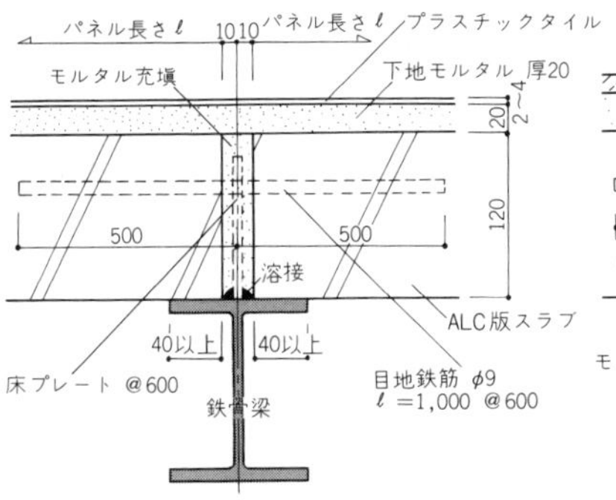

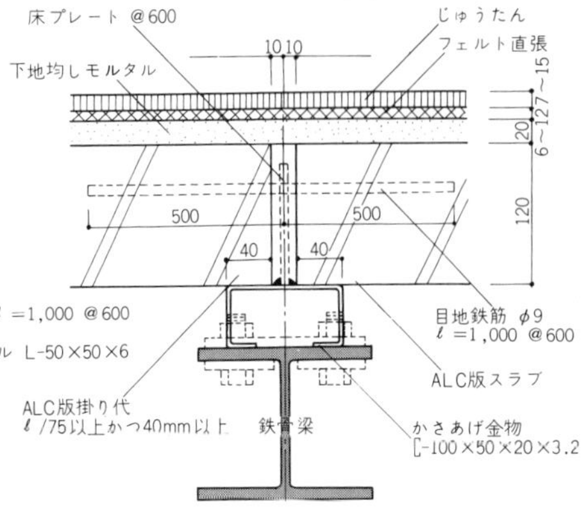

フローリング（根太床） 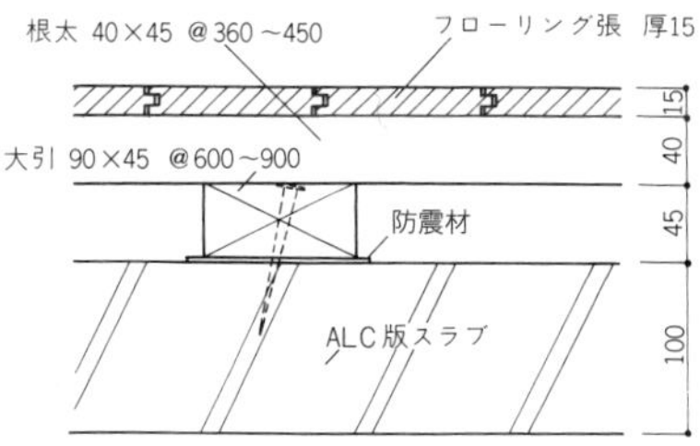 / **カーペット（根太床）** 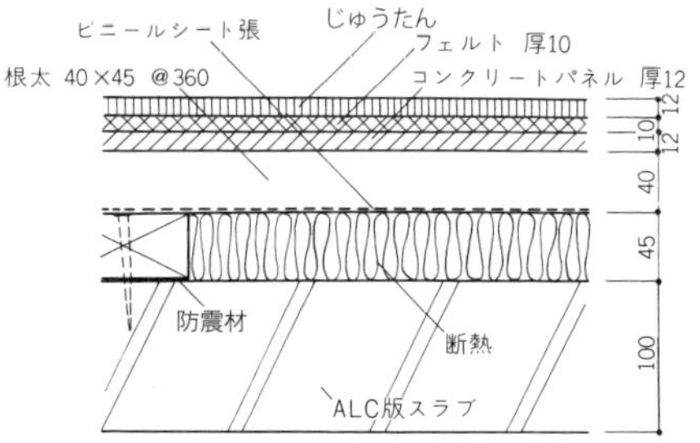 / **クッションシート（根太床）**

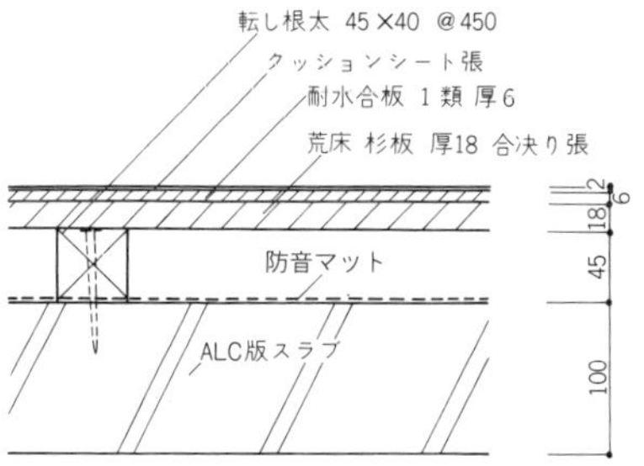

畳 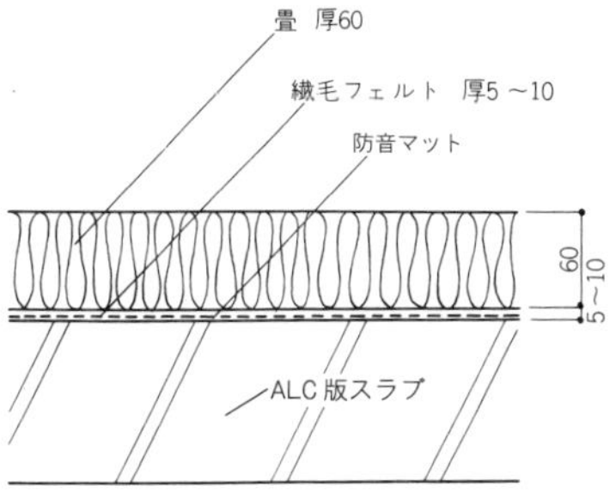 / **畳** 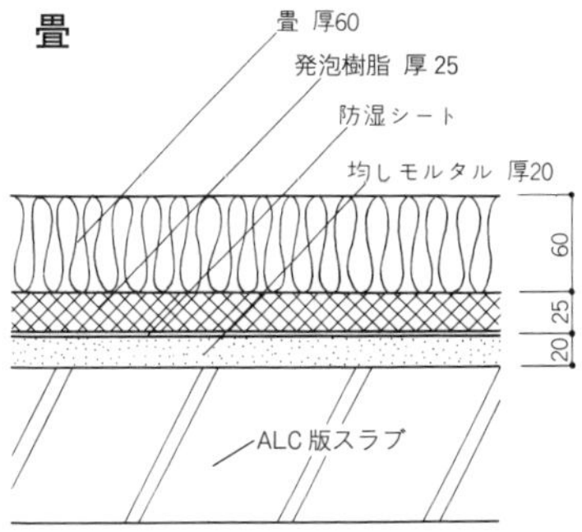 / **畳（根太床）**

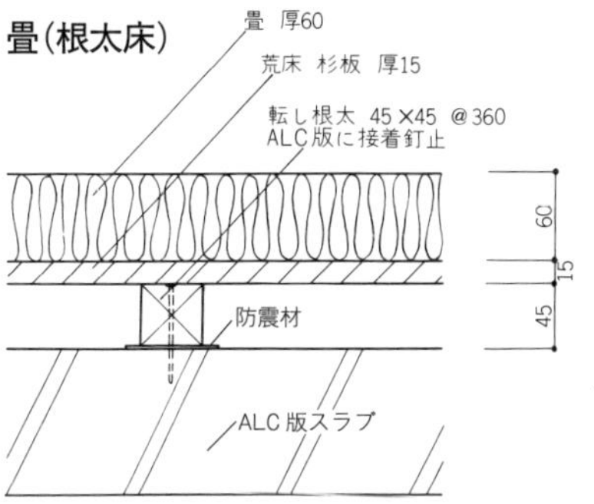

モザイクタイル 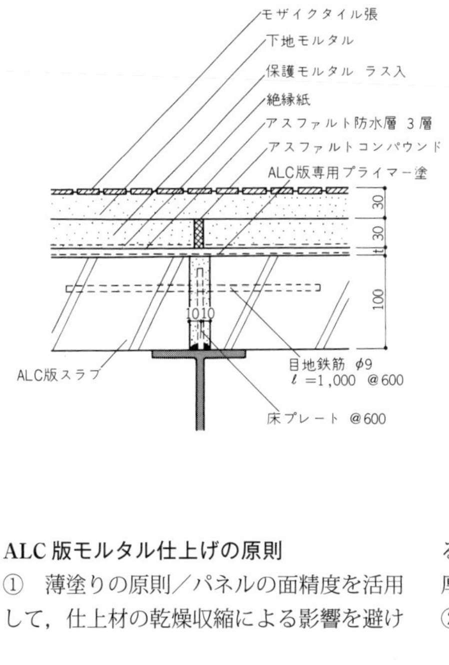 / **クリンカータイル**

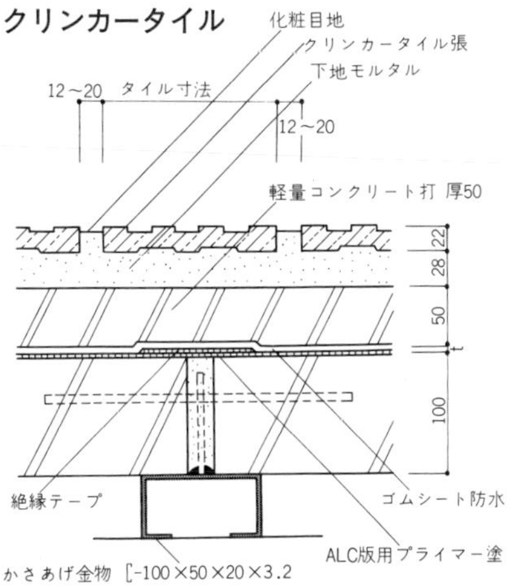

ALC版モルタル仕上げの原則

① 薄塗りの原則／パネルの面精度を活用して、仕上材の乾燥収縮による影響を避けるために、床塗り厚15～20mm、壁塗り厚10～15mmの薄塗りを原則とする。

② 混和剤の使用／パネルの吸水性が比較的大きいので、施工中のドライアウトや接着の不良を起こさぬよう、高分子樹脂系の下地処理と混和剤の併用が必要とされる。

③ 貧調合／下地への悪影響を避けるため中塗り、上塗りは低加水貧配合（1:3～1:4）とする。

④ 養生／施工後は十分養生し、急激な乾燥を避ける。

⑤ 床モルタル仕上げの目地／床モルタル仕上面には、小口方向は必ず、長手方向は適当に目地を挿入すること。

ALC版と根太の取合い

ALC床版の泣きどころに、版自体を振動させるような重量、および軽量衝撃音の遮断性に劣るという点がある。このことは、殊に鉄骨造による共同住宅などの設計で問題になることが多い。基本的には、ALC版上に置き床や浮き床を考える必要があり、単純な転がし根太工法による床仕上げでは、問題解決が図れない。

鉄骨造におけるＷ式床版例と仕上げ

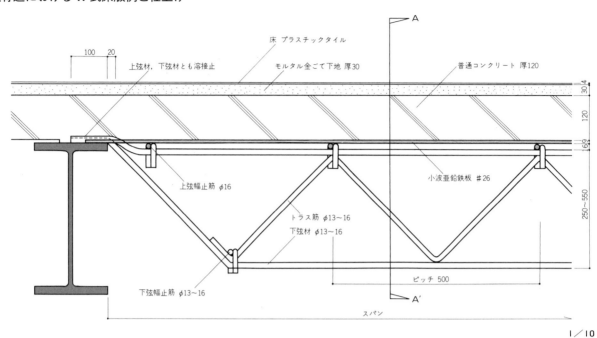

A-A′断面

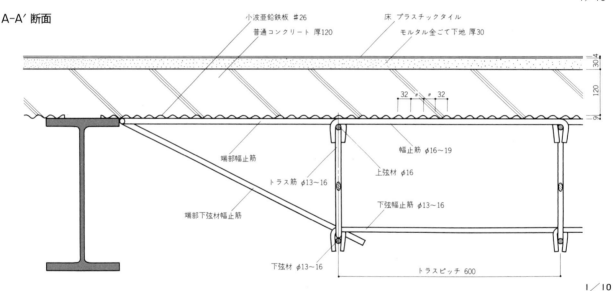

Ｗ式床版工法

在来工法とはまったく異なったもので，大スパンの床版施工においては，小梁を設けず，サポート，型枠なども不要で，各階同時に施工を可能とした工法である。一般にデッキプレートなどを使用する場合，スパンは2〜3m前後を限度とするが，この工法では7〜8m程度まで施工可能である。施工方法は特殊トラスを60cmピッチで大梁間に渡し，上部（上弦材）に小波亜鉛鉄板#26を敷き並べ，コンクリート打ちする。

このトラスは数回転用ができ，設備配管，天井吊り木受けなどに利用できる。

大型床版工法

床版をある大きさのブロックに組み立て，鉄骨建方と同時に床版を敷き込む方法で，安全な作業床を早期に確保でき，揚重回数の減少などを可能にする。この工法は超高層ビルのシステム構法として考案されたチューブストラクチュア方式による。これは筒状の外皮に節状にフロアを入れて剛性を高める，ちょうど竹筒のような構造，構法である。チューブストラクチュア方式については高度な構造専門分野の知識を必要とするのでここでは省略する。採用例をあげると，新宿住友ビルで，地上52階，高さ200mの工事に見られるフロアパネル工法がそれである。このパネルの概略は成400の鉄骨フレームの下面に薄鉄板3.2mm，上面にキーストンプレート25mmを張った3m×1.2mのユニットパネルを工場で製作加工して，現場へ搬入する。現場の周辺架構の建方と一緒にこのユニット（フロアパネル）を吊り込み，架構との合体接合をし，同時にユニットとユニットの接合をも行うというもの。この工法は種々の在来工法などと比較検討すると，超高層建築における安全性，機動性，経済性にすぐれた利点を数多くもっていることがうかがえる。

床

鉄骨跳出しバルコニーと仕上げ

ALC版一般床

鉄骨跳出しバルコニーと仕上げ

ALC版防水床

防水床

壁

壁は，外壁（外周壁），内壁（間仕切壁）に大別される。

外壁

外壁の扱いは，設計上大きなポイントを占めるので，感覚的・視覚的デザインに走りがちであるが，自然現象，火災，騒音など種々の外的条件に対応できる機能が大切である。

すなわち，耐火，防水，断熱，遮音，耐候性，防露などがあげられるが，鉄骨造の場合，さらに軽量性，プレファブ性，施工性が重視される。

外壁ディテールは，「意匠上の表現」と「機能上の納まり」のバランスからなる。

壁軸組

鉄骨造の壁軸組は，フレーム間において，間柱，胴縁，ブレース，開口部下地で構成されるが，ALC版，PC版のように壁体の種別によって，間柱や胴縁を必要としないものもある。間柱と胴縁の形状や配置間隔は，柱割り，階高，壁体の種別などから構造的な計算によって設計されるが，鋼材の合理的な使い方が建物の経済性に重要な影響を与えるので綿密な検討が要求される。ここで，鉄骨造に通常使用される柱について記述する。柱は梁と同様に「単一柱」「組立て柱」に大別される。「単一柱」は，単一の素材のみで作られた柱で，形鋼柱として「I形鋼」「H形鋼（広幅）」「角形鋼管」「丸形鋼管」などが一般的である。H形鋼は，単一柱として最も多く採用されるが，断面の方向によって耐力が大きく異なるので，一方向については補強を要する場合もあり，その向きについては十分に注意されたい。「組立て柱」は2個以上の単一材を組み合わせた柱で，形鋼だけでは性能が不足するとき，これらをボルト・リベット締め，または鋼板を溶接して組み立てる。ラチス柱――ウェブがラチスにより構成された柱，ボックス柱――箱型断面に構成された柱，プレート柱――ウェブ材に鋼板を用いた充腹柱，梯子柱――ウェブが帯板部材で構成された柱，H形鋼組立て柱および溝形鋼組立て柱，などがある。

柱の脚部と基礎との接合部を柱脚と称し，構造的に特に重要な部分を占め，力学上からピン構造，半固定構造，固定構造に分類される。柱脚は，鉄筋コンクリート造基礎に埋め込まれたアンカーボルトを，柱脚部ベースプレートにボルト締めして結合させる。異なった場所で作られ，異種構造の鉄筋コンクリート造基礎と柱鉄との接合は，施工精度，納まり上の逃げなどが常に問題となる。鋼材は現場調整が容易でないので，事前に精密な寸法チェックを行うべきである。

間柱は，柱間において胴縁を支持するもので，「H形鋼」「溝形鋼」「I形鋼」，または「軽量リップ溝形鋼」の組立て柱，「山形鋼」の組立て柱などが使用され，胴縁としては「軽量リップ溝形鋼」「溝形鋼」「山形鋼」が一般的である。

軸組に配する壁ブレースは，軸組に対角線状に入れた補鋼材で，水平ブレースとともに，地震や風圧などの水平力に抵抗して軸組の変形を防ぐ重要な構造要素である。部材としては，山形鋼，溝形鋼，鋼管などの形鋼か棒鋼が使用される。ブレースには引張材（tensive member）と圧縮材（compressive member）とがあり，各応力が生じる部分に使用される。筋違い入り壁は，鉄筋コンクリート造の耐震壁に相当するもので，構造壁として，力学的に一般壁と区別され，その適正な壁量と配置が躯体の剛性と経済性に多大な影響を与える。平面スケッチの段階で，前もって構造壁の配置と開口部の関係を考えておくべきである。

壁体

鉄骨造の外壁を構成する壁体は大別して，湿式工法壁と乾式工法壁に区分される。

湿式工法による壁体

湿式工法とは，コンクリート工事や左官工事のように，工事の完成に材料の乾燥・硬化を必要とするもので，湿式工法の鉄骨造外壁は，おもに左官工事による壁体構成を指す。ふつう，胴縁に力骨鉄筋（φ9）を溶接し，リブラスモルタル塗りしたものを壁体として，表面に各種仕上げを施す。左官工事のプラス面とマイナス面を列挙すると，

プラス面
① 耐火性・耐燃性がある。
② 比較的ローコストで，普遍的な施工性が有利である。
③ 継目のない一体性工法は外壁に向く面が多い。
④ 表面仕上げが多様性と自由度に富む。

マイナス面
① 鉄骨造の特性とするプレファブ性にマッチしない。
② 足場を必要とするので，境界線に接する外壁は不可能である。
③ 各条件により亀裂や剥離が生じやすい。
④ 左官技量によって仕上がりの良否の差が大きい。

などである。

亀裂発生の原因は複雑で，一概に分類するのはむずかしいが，おおよそ次の三つになる。ⓐ構造的原因，ⓑ左官壁の周辺部材からの拘束などによる，ⓒ左官技術の不足による。

鉄骨造は，鉄筋コンクリート造に比較して柔構造なので，不同沈下や地震による変位や変形が微妙に作用する。したがって，左官材に与える影響も少なくないので，入念な工事が要求される。左官工事がウェイトを占める外壁構成は小規模建物には見られたが，現在要求される建築生産方式との大きなずれにより，パネル構成による乾式工法に切り替わりつつあるのが現実である。

乾式工法による壁体

乾式工法とは，工場生産された建築構成材またはユニットを現場で組み立てる工法で，現場作業の簡略化，能率化，工期の短縮などを目的とするものである。乾式工法による外壁構成とは，ALC版，PC版，繊維板，金属パネル，木片セメント板などの既製版（板）を取り付けたもので，鉄骨造の外壁に最も多く採用される仕様である。乾式外壁のチェックポイントを次に列挙する。

① 法規調査／取付けパネルの構造設計基準や法定耐火性能などの基本的調査を指す。

② パネルの割付け計画／パネル外壁には当然割付け計画をともなうが，ALC版のような構造壁は，パネルの無計画な切断が壁体の強度に大きな影響を与えるので，開口部の形状や位置はパネル割付け基準に合わせること。

③ 出隅・入隅の納め方。

④ 躯体とパネルのクリアランス調整／鉄骨の躯体には若干の歪みや曲がりは避けられず，壁体を鉛直に保つには胴縁や取付け金物による躯体とのクリアランス調整が必要となるので，この点をパネル取付けディテールに考慮しておくこと。

⑤ パネル取付け下地の検討／取付け下地はパネル材にあった下地を組み，正しい取付けを行うことが基本である。下地部材の形態，大きさ，間隔は，フレームの状況や仕上材によって異なるが，支点間距離や仕上材のサイズで決定される。外壁の場合は，壁面に作用するプラス・マイナスの風圧力による影響が大きいので，構造的検討を要する。取付け方法としては，タッピングビス，フックボルト，化粧ねじ，引掛け金物などが使用される。

⑥ 遮音／鉄骨造は，本質的に鉄筋コンク

リート造のような一体構造とは異なり，軀体と各エレメントの組合せからなる，音の伝播されやすい構成である。乾式工法の外壁は比較的軽量なパネルが用いられるが，遮音効果は材質が緻密で単位体積当りの重量が大きいほど高いとされ，またパネルを取り付ける作業そのものが隙間を生じやすい工法なので，外壁まわりのディテールにはこの点を解決する工夫が望まれる。

⑦　パネルの伸縮／特に金属パネルの場合，3/1,000程度の伸縮は計算しておかなければならない。伸縮によるジョイナーのゆるみは隙間の原因となるので，ジョイントディテールに寸法上の逃げとシーリング材の要不要を検討する必要がある。

⑧　パネルジョイントのディテール／パネル間のジョイント方法は，突付け，化粧目通し，重ね，はめ込み，ジョイナー，またはカバープレート使用などで，間隙をコーキング材やシーリング材で充填する。通常外壁に使用されるジョイナーは，亜鉛めっき鉄板製♯28〜♯30，ステンレス製0.2 mm以上，アルミニウム製0.3 mm以上で，型はいろいろある。

不完全なジョイントは，雨水の浸入，音の透過，断熱のロス，その他の弊害をきたし，パネル材自身の性能も低下させる場合がある。鉄骨造では層間変位に対処する接合部のディテールを常に考慮することが大切である。

基礎と外壁脚部

外壁脚部は，鉄筋コンクリート造基礎梁に接続するのが一般的な鉄骨造設計である。異種材質の接合部として，雨仕舞の処理，仕上げ見切りなどの工夫を要する箇所であり，外観デザインの面でもひとつのパターンとなる。基礎梁からの立上がりは，壁体を雨水や融雪水の跳上がりから保護するため，地盤から少なくとも30 cm以上必要で多雪地域ではそれ以上とする。

内　壁

鉄骨造の内装や造作は，木造や鉄筋コンクリート造と同じに扱われるケースも多く，間仕切壁の構造として，木造下地，金属下地，ブロック積み，ALC版，各種パネルボード，可動間仕切などがあげられる。鉄骨造は，現場での後加工をできるだけ避けるよう，計画的に取付け要所に所定の取付け下地を設定しておくべきである。建築法規では，間仕切壁の耐火性能や防火上の内装制限などを，建物の構造，用途，階数，その他の条件によって規定しているので，事前に関係法令を十分に調査することが必要である。また，仕上材は下地材と組み合わさってその性能を強化するので，下地材の選択も大切である。

一般の間仕切壁には，ⓐ天井仕上げ面でとどめられたもの，ⓑ上階スラブ下端まで伸びたもの，がある。通常の使用にはⓐで支障ないが，病院・学校・共同住宅などのように隣接して部屋が並び，相互の防火性・遮音性が特に問題となる場合はⓑが採用される。この場合，天井内は小屋組材や床組材が交差して壁との納まりに隙間が生じやすいので，前もってその配置を構造設計のなかに織り込んでおくべきである。

壁の材質による遮音度は，外壁の項で述べたように重量の大きいものほど高いので，軽量のものは吸音材を併用してこの点を補うべきである。

ALC版間仕切パネルの取付け要点

①　間仕切パネルは原則として縦使いとする。

②　スラブがALC版の場合，間仕切パネルは，できるだけ受梁を設けて支持させるよう構造計画しておく。スラブだけで支持する場合は，集中荷重となるので，スラブの強度チェックが必要となる。

③　鉄骨造は比較的挙動の大きい構造体であることを取付けに予想しておく必要がある。間仕切パネルと柱や梁との当り部分やパネル相互の交差部分にはクリアランスを設け，ロックウールで隙間を充填するなどの処理を忘れないこと。

金属間仕切下地壁の取付け方法

金属間仕切下地は，仕上げに湿式と乾式とがあり，特性として軽量，不燃，施工性，工期の短縮，層間変位への対応性がある，などがあげられる。

組立て方法は，上下のスラブに，天井ランナーや床ランナーを固定用ピンかコンクリート釘で固定し，スタッドシューを媒介としてスタッド（間柱）を上下ランナー間に約450 mm間隔に建て込み，仕上げに応じた取付け下地を行う。

① PC版の取付け

② 金属カーテンウォール

③ PCカーテンウォール

外 壁

外部脚部

インシュライトパネルとモルタル仕上げ

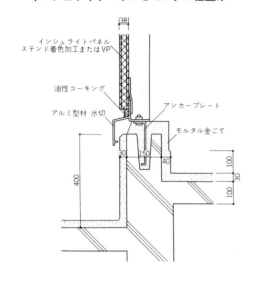

ラスモルタル外壁とモルタル基礎仕上げ

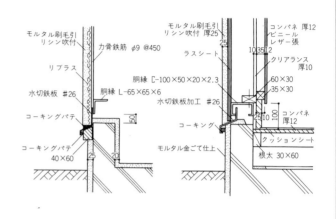

ALC版外壁とモルタル仕上げ

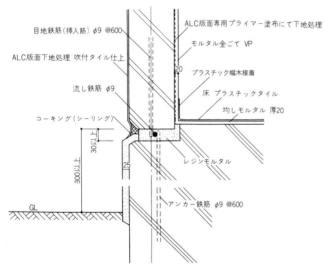

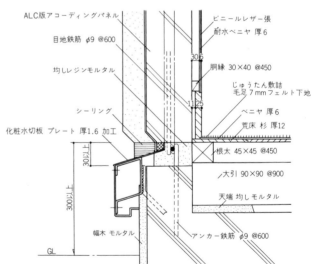

壁

外壁各種仕上げ

サンドイッチインシュライト張り

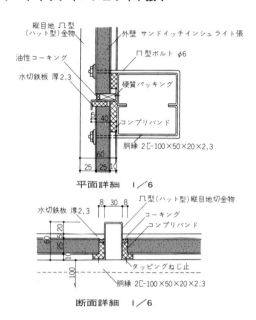

ラスモルタル仕上げ

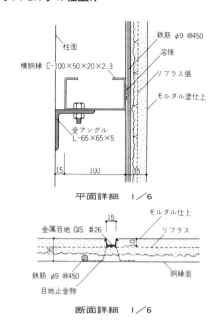

金属パネル(スパンドレル)張り

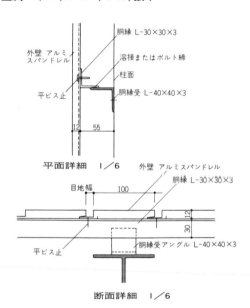

プレキャストコンクリートパネル

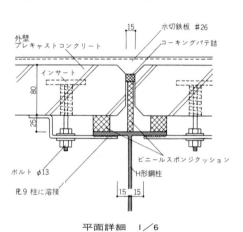

ALC外壁版

外壁（縦壁）パネル標準取付図

外壁（横壁）パネル標準取付図

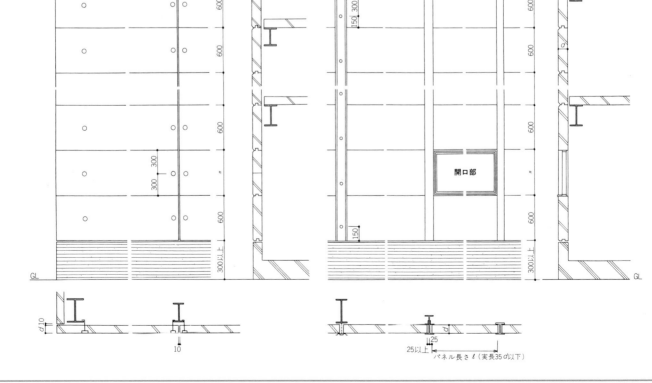

ALC の標準構法

ALC の標準構法

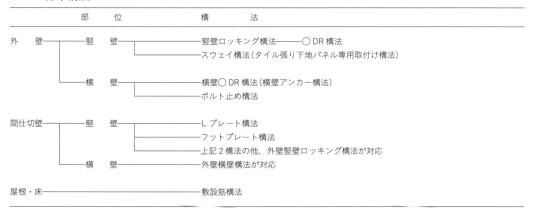

部　位		構　　　法
外　壁	竪　壁	竪壁ロッキング構法————◯ DR 構法
		スウェイ構法（タイル張り下地パネル専用取付け構法）
	横　壁	横壁◯ DR 構法（横壁アンカー構法）
		ボルト止め構法
間仕切壁	竪　壁	L プレート構法
		フットプレート構法
		上記 2 構法の他、外壁竪壁ロッキング構法が対応
	横　壁	外壁横壁構法が対応
屋根・床		敷設筋構法

ALC の標準構法（一般部）

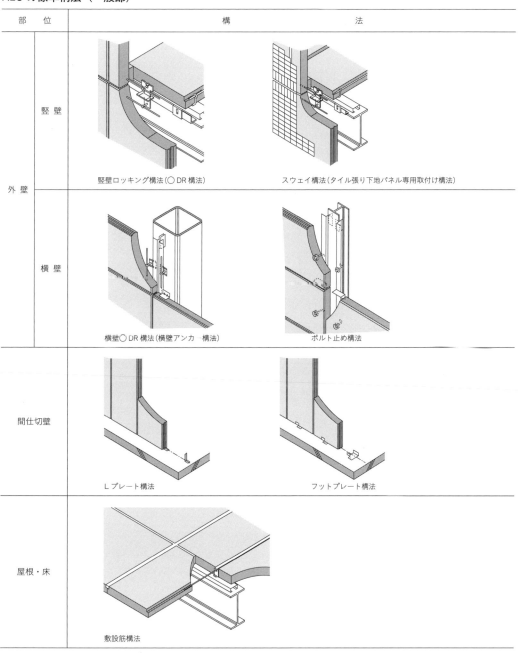

部　位	構　　　法	
外　壁	竪　壁	竪壁ロッキング構法（◯ DR 構法） / スウェイ構法（タイル張り下地パネル専用取付け構法）
	横　壁	横壁◯ DR 構法（横壁アンカー構法） / ボルト止め構法
間仕切壁		L プレート構法 / フットプレート構法
屋根・床		敷設筋構法

ALC外壁版

コーナーパネル

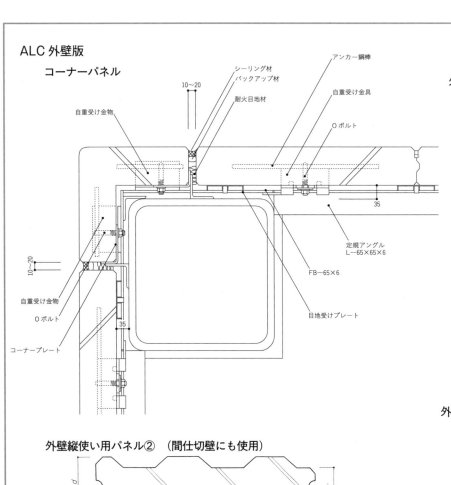

外壁縦使い用パネル①　（間仕切壁にも使用）

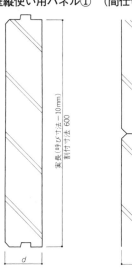

外壁縦使い用パネル②　（間仕切壁にも使用）

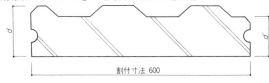

外壁横使い用パネル①　（間仕切壁にも使用）

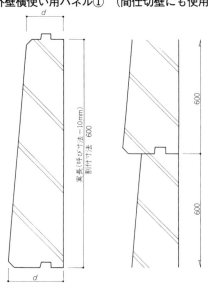

外壁横使い用パネル②　（間仕切壁にも使用）

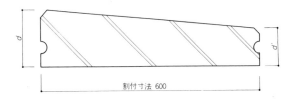

間仕切用パネル（外壁にも使用）

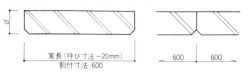

屋根，床用パネル

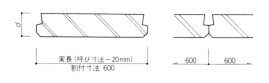

ALC外壁版仕上げディテール

リシン吹付け（合成樹脂系） 吹付タイル（無機質系） 天然石アクリルこて塗り

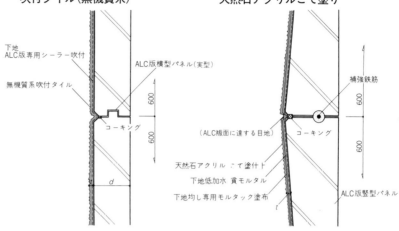

リシン吹付け（合成樹脂系） 圧着張タイル アルミ化粧パネル浮し張り

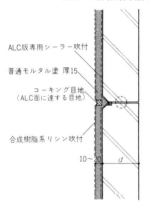
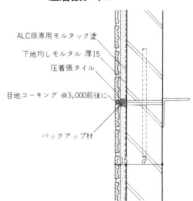
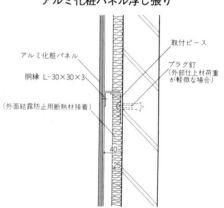

圧着張タイル（胴縁下地）

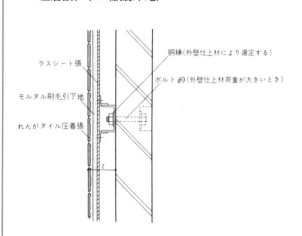

ALC外壁版寸法表

種別	許容荷重 (N/m²) (短期風圧力)	耐火認定	版厚 実寸法 (mm)	版長 呼び寸法 (mm) (実寸法は下記より-10〜20mm)		版幅呼び 寸法 (mm) (実寸法は下記 より-10mm)
外壁版	1.2〜2.0	2時間	100	1,500〜3,500まで	50間隔	300〜600 (呼び寸法 割付寸法)
		2時間	120	1,500〜4,000 〃	〃	
		2時間	150	1,500〜5,000 〃	〃	
	3.0	2時間	100	1,500〜3,000 〃	〃	
		2時間	120	1,500〜3,500 〃	〃	
		2時間	150	1,500〜4,500まで	50間隔	

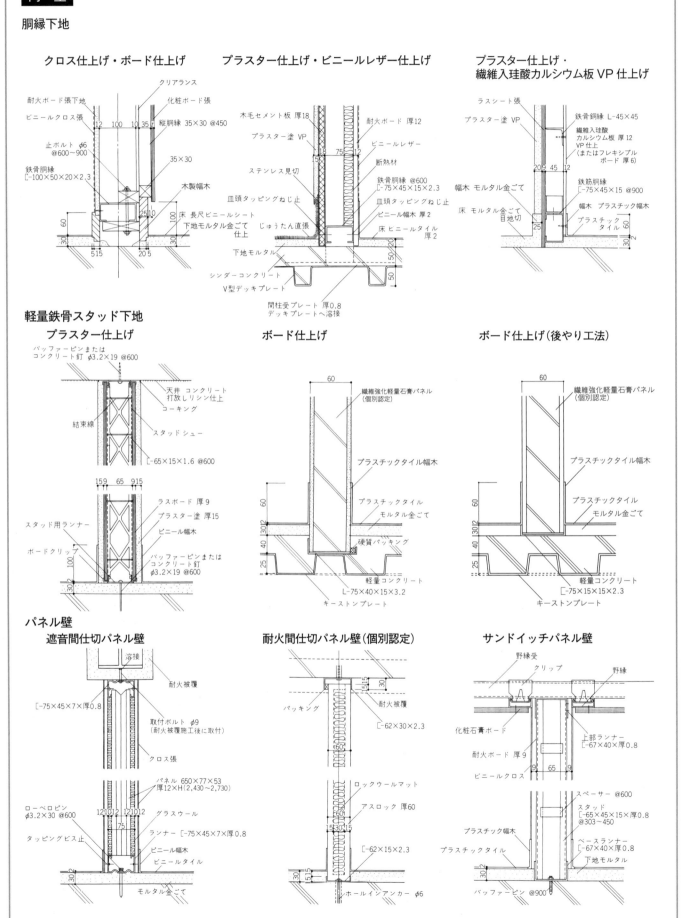

ALC版間仕切パネル標準取付図

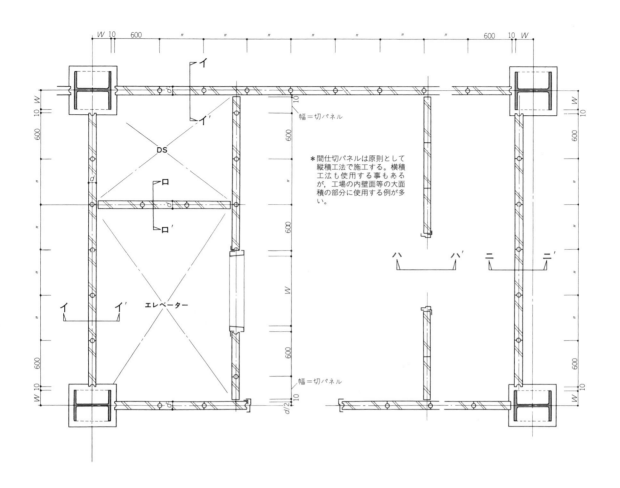

＊間仕切パネルは原則として縦積工法で施工する。横積工法も使用する事もあるが、工場の内壁面等の大面積の部分に使用する例が多い。

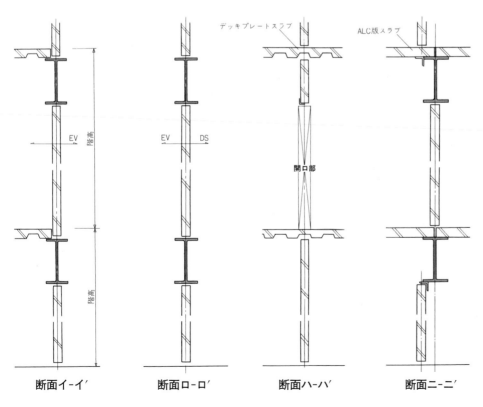

断面イ-イ′　　断面ロ-ロ′　　断面ハ-ハ′　　断面ニ-ニ′

ALC間仕切壁パネルの支持方法
ALC間仕切壁パネルの割付けには、縦積みと横積みがあるが、縦積みを原則とする。横積みは比較的天井高の高い場合に採用されるが、最上段の取付けに難点がある。また層間変位を考慮した取付け処理が必要である。
一般的な間仕切パネルの支持方法として、下端支持は通常 $\phi 9$ 鉄筋をスラブにアンカーし、モルタル充填とする面内固定方法が採用され、上端支持は、目地鉄筋アンカー固定方法、チャンネル金物またはアングルの挟み込みによる面内止め方法による。ALCパネルスラブの場合、間仕切パネルはできるだけ受梁上に位置するように計画し、床パネルのみでの支持は強度チェックおよび補強方法を検討すること。

壁

各部位とALC間仕切パネルの取合い

間仕切壁＋間仕切壁ⓐ

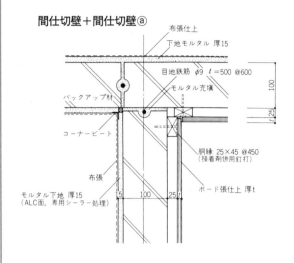

間仕切壁＋間仕切壁ⓑ

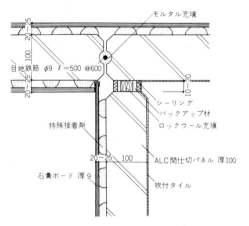

柱＋間仕切壁

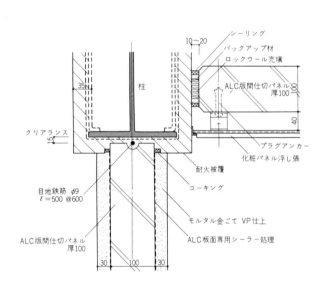

梁＋間仕切壁

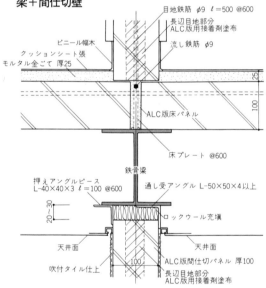

スラブ＋間仕切壁ⓐ

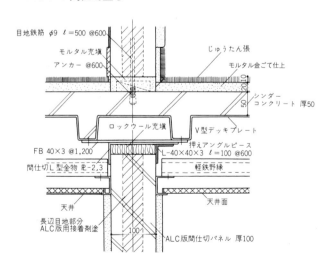

スラブ＋間仕切壁ⓑ

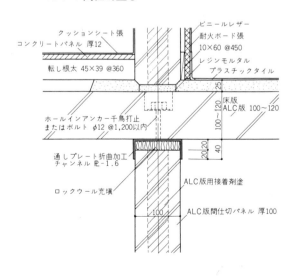

開口部

開口部とは，通行，採光，日照，透視，眺望，通風，換気などの目的のため，外壁，内壁，屋根，床に開口された部分で，その位置によって「外部開口部」と「内部開口部」に，その使用目的によって「出入口」と「窓」に区分され，開放と遮断の機能は建築空間を構成する多くの要素のなかでも重要な役割を果たし，その扱いは，意匠上の主役的骨格ともなる。

外部開口部

外部開口部は，建築空間をとりまく自然現象や人為現象の影響を直接受けるので，それぞれに対応する多くの性能が要求される。すなわち，風雨，気温，湿度，日射，汚染外気，害虫，火災，騒音，不法侵入などの外的条件に対する遮断，開放，またはコントロールとして，「気密性」「水密性」「防風性と通風性」「防火性」「遮音性」「断熱性」「透光性と遮光性」「安全性」「耐震性」「耐久性」「強度」（耐風圧強度，操作上の強度，耐外力強度）や「締り」などの性能が要求される（これらのなかには，相反する条件を満足させなければならぬ矛盾が含まれているが）。

これらの性能は，開口部を構成するサッシュの品質によるが，構造軀体と枠，枠と障子，障子とガラスなどの取合せ精度，合理的なディテール設計，製作図による十分な検討，入念な施工のもとに解決される。サッシュは，建物の構造，用途，種別，高さ，デザイン，予算，その他，種々の要素によって選定されるが，中小規模の鉄骨造において特に注意すべき点は，高さによる耐風圧性能のチェックである。なお，高さ13 mを超える建物には，ガラスの種類とその見付け面積の算定について建設省告示第1458号による規定がある。

また，外部開口部には，その有効性，防火性，避難性，その他細部に至る規定が課せられている。ⓐ法規上有効な採光と自然換気の規定，ⓑ法定防火性能の規定，ⓒ排煙の規定，ⓓ非常用進入口の規定，ⓔ避難上の規定，などがあげられる。

開口部補強

開口部補強とは，開口部を設けることによって生じる，強度上必要な補強である。
通常，サッシュの受ける風圧は，サッシュアンカーを通して壁版，下地材，開口部補強材が負担するので，補強が万全でないとサッシュに「歪み」「ずれ」などの変形が起こりやすく，雨漏り事故の原因ともなりがちである。

開口部補強は，その壁体構成によって補強の方法が異なる。

胴縁を要する壁体の開口部補強

胴縁内に納まる小開口部は別として，通常の開口部は「縦」または「横」の胴縁を切断して取り付けられるので胴縁の補強が必要となり，その補強方法と補強部材は，開口部の形状，壁材の種別，胴縁の間隔，開口部の受ける風圧力，などを総合して力学的に算定される。

PC版カーテンウォール

パネルそのもののなかに補強が組み込まれているのがふつうである。

ALC版

パネルのなかに開口部補強を組み込めないため，ごく小規模な開口部以外は，開口部寸法の大きさや風圧力の影響度によって，鉄筋，フラットバー，アングル，チャンネルなどの補強金物を用いて開口部の周囲補強を行う。この周囲補強は，サッシュアンカーの取付けも兼ねるので，鉄筋の場合は最低$\phi 9$以上を必要とする。連窓・段窓の開口部は，かなりの風圧が予想されるので，パネルの外力負担を避けるべく，補強方立，補強胴縁，間柱などの対応を必要とするが，その仕様は室内側の壁仕上げにも関連する点を含んで考えなければならない。スチールドアのように重く，開閉時の衝撃の大きいものは，特に補強に注意する。また，シャッターレールなどの振動を受けるものは，直接壁パネルに取り付けたり，埋め込んだりせずに，補強方立などに取り付ける。シャッターケースは重量があるので，構造軀体に荷重を負担させるよう，間柱，ブラケットによる支持設計とする。不完全または不適正な補強は，パネルの小口破損，開口部枠組のずれや歪みによる雨漏りなどの支障をきたす。また，開口部はパネル割付け内に納まるよう計画し，不安な切断は強度を損なうから避けるべきである。なお，ALC版開口部補強基準表を掲載したので参照されたい。

取付け

胴縁を要する壁体のサッシュは，縦胴縁，横胴縁，または補強材にサッシュアンカープレートをビス止め，または電気溶接により取り付けるが，外部，内部の仕上材やデザインによって，水切り，皿板，額縁などの納め方が定められる。

ALC版の場合は，パネルの開口部補強材やピース金物にサッシュアンカーを取り付ける。一般用アルミサッシュを使用するときは，サッシュ枠とパネルの間をシーリングだけで処理する工法は難点があり，パネルの雨仕舞部分にアルミアングルか額縁を付けてシーリング処理を行う。ALC用アルミサッシュは，枠とパネルが直接シーリング処理可能な形状にできており，サッシュアンカーが内側から溶接でき，また規格寸法がパネルの60 cmモジュールに合わせてあるなどの利点がある。開口部と外壁機能の一体化として，開口部ユニットを含むカーテンウォールの普及は著しく，特に鉄骨造のプレファブ性にマッチし，製品の改良，開発，基本タイプの規格化などがそれを助長している。カーテンウォールは，それを構成する材質から金属製とPC製に大別され，その形状や表面のテクスチュアはいろいろである。重量的に，メタル系カーテンウォールは$30 \sim 60 \text{ kg/m}^2$でほとんど問題にならないが，PC系カーテンウォールは，250 kg/m^2前後と，軀体に相当の荷重負担をかけるので構造計画の段階で検討すべきである。

取付けや補強の方法は個々の設計によって異なるが，一般的に鉄骨造の場合は鉄骨梁を受材として，金属製スタンダードカーテンウォールはサッシュ方立または方立ブラケットと，PC版カーテンウォールは版に埋め込まれた支持金物と連結させる。また，法規上の注意として，カーテンウォールのスパンドレル部分の耐火性能，サッシュ部分の排煙開口部などがあげられる。
開口部は，床，壁，天井と接合する部位も多く，シャッター，格子，カーテンボックスなどとの取合いもあるので，デザイン面でもディテール面でもバランスの良い設計が大切である。

内部開口部

鉄骨造の間仕切壁構造は各種あるが，そこに開口される内部開口部には壁体別に関係なく共通した性能が要求される。ここに，ALC間仕切パネルと鉄骨間柱壁を選び，内部開口部として最も一般的な木製枠との取合いを記述する。

ALC間仕切パネルの場合

パネルに木れんがを接着剤併用で釘打ちとし，木製パッキングで建て込み調整のうえ，かくし釘で枠をとめるのが一般の仕様であるが，開口部の大きさ，ドアの種類によって，ボルト，かすがい，帯プレートなどの金物を使用する。使用金物は，壁仕上げ面と関連するので注意すること。

鉄骨間柱壁の場合

鉄骨間柱に枠取付け用プレートをねじ止めし，飼い木で調整のうえ，プレートに木枠を取り付けるか，鉄骨間柱と木枠，または捨て枠をボルト締めとする。

開口部

筋違（ブレース）と開口部

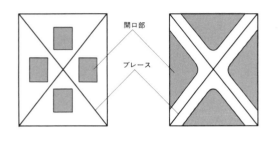
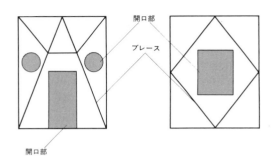

胴縁の開口部補強

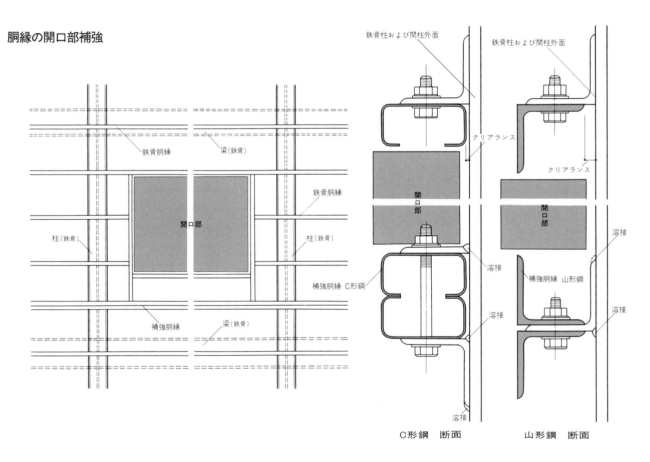

鉄骨造の壁面に設けられた開口部は，軸組と密接な関係にある。ラーメンを構成する骨組（軸組）には，比較的容易に開口部を設けられるが，開口部箇所が軸組のブレースと重複して意匠上の問題となることもある。その反面，ブレースと開口部を積極的に組み合わせた軸組によるデザインも創作され，独特な効果をあげた例が上図である。

ブレースは，建物全体の見地から総合的に検討し，バランス良く配置する。

また，大型自動車出入口などの大きな開口部で，その部分の軸組のうち2階梁がとれない場合には全体の構造計画に影響するので，当初から構造的解決を考慮すべきである。一般に，壁面開口部は，その部分に壁がなくなったと考えて，当該箇所を補強する必要がある。胴縁使用の壁面構成にあっては，仕上材により，胴縁の種別，形状，寸法が決定され，間柱も開口部と仕上材により選定される。胴縁内に納まる小開口部は問題ないが，胴縁を切断しないと納まらないのが通常の開口部寸法であるから，胴縁の補強は開口部に追従する処置である。

工場製作によるPC版，カーテンウォールなどの開口部補強は，版そのもののなかに組み入れられて製品化されているのがふつうであるが，ALC版では開口部補強が組み入れられていないので所定の補強を必要とする。

外壁にあっては，壁の鉛直荷重のほかに風圧力など横力の作用も受けるので，補強材と補強方法もこの点を加味し，開口部形状に合わせて選定する。それに風圧力は高さに比例して大きくなるので注意を要する。ALC外壁版に開口部がある場合は，ごく

開口部

ALC版開口部補強（$\ell_1 = 2,800\,mm$の算定）

縦壁		横壁		部材	風圧力 N/m²			
開口幅(mm)	補強方法	開口高(mm)	補強方法		1,200	1,600	2,000	2,600
600		600		A材	L-50×50×6	L-65×65×6	L-65×65×6	L-65×65×6
				B材	L-50×50×6	L-50×50×6	L-50×50×6	L-50×50×6
1,200		1,200		A材	L-65×65×6	L-65×65×6	L-75×75×6	L-75×75×6
				B材	L-50×50×6	L-50×50×6	L-50×50×6	L-50×50×6
1,800		1,800		A材	L-65×65×6	L-75×75×6	L-75×75×6	L-75×75×9
				B材	L-50×50×6	L-50×50×6	L-65×65×6	L-65×65×6
2,400		2,400		A材	L-75×75×6	L-75×75×9	L-75×75×9	L-90×90×6
				B材	L-65×65×6	L-65×65×6	L-75×75×6	L-75×75×6

● 上表の算定条件

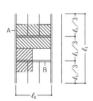

縦壁の場合
ℓ_1 = 梁～梁の内法寸法
ℓ_2 = 開口幅
横壁の場合
ℓ_1 = 柱～柱の内法寸法
ℓ_2 = 開口高さ

(1) A材

$M_1 \max = \dfrac{P\ell_1}{3}$

$\dfrac{23\,P\ell_1^3}{648\,EI_1} \leq \dfrac{P\ell_1}{200}$ から

$I_1 \geq 3.38 \times 10^{-6} P\ell_1^2\,(cm^4)$

$Z_1 \geq \dfrac{M_1 \max}{2400}\,(cm^3)$

(2) B材

$M_2 \max = \dfrac{w\ell_2^2}{8}$

$\dfrac{5\,w\ell_2^4}{384\,EI_2} \leq \dfrac{\ell_2}{200}$ から

$I_2 \geq 1.24\,w\ell_2^3 \times 10^{-6}\,(cm^4)$

$Z_2 \geq \dfrac{M_2 \max}{2400}\,(cm^3)$

小規模の開口部を除き，適当な補強金物を使用してこれに対処する必要があることはすでに述べた。

上の表は開口部補強の一つの方法を示したものである。

特殊な場合は実験による裏付けデータをとることが必要であるが，一般には補強方法として上表が利用できる。一般に開口部および風圧力が大きいほど補強材は大きくなる。

風圧力は高さに比例して大きくなるところから，開口部の位置が地上より高くなればなるほど補強部材も大きなものを使用することになる。

地上よりの高さといっても崖の上とか海岸で，特に強風の多く生じるところなど，風の呼吸といった風圧力独特の荷重のかかり方を考慮すべき場所では，当然この仮定そのものに立ち返って検討をしなければならない。

計算仮定　屋根葺き材等の耐風計算
1) 支点間距離　　2.8 m
2) 平均速度圧　　$\bar{q} = 0.6 E_r^2 V_0^2$

告示平12建告第1458号「屋根ふき材及び屋外に面する張壁の風圧に対する構造耐力上の安全性を確かめるための構造計算の基準を定める件」を考慮する。

鉄骨造開口部の取付け工法
——おもにサッシュなど

工法の違いにより施工工程が変化し，納め方，水切りや仕上材の取付け納め方，養生などの方法が変わる。建具取付け工法は，先取付け工法と後取付け工法とに分類される。そのほか，カーテンウォール工法，取替え工法などがある。後取付け工法は最も一般的工法で，納まりに応じて種々の工法（木造一般工法，外付け工法，鉄骨工法，鉄筋コンクリート工法，ALC工法）がある。先取付け工法およびカーテンウォール工法は近年急増しており，将来この工法が後取付け工法をしのぎ，一般的工法となることが予想される。

先取付け工法には2種ある。

① 水平先付け工法／プレキャストコンクリート成型を工場生産するときに同じ水平型枠ベッドを利用し，あらかじめサッシュをベッド面にセットしておき，その後コンクリートを同時に打ち込み一体としてしまう方法で，プレファブ工法などに利用される。

② 縦打込み工法／工事現場におけるコンクリート型枠組付けの際に，同時にサッシュを型枠にサンドイッチしておき，サッシュを垂直状態で固定し，コンクリートと同時に打ち込み一体とする方法である。

後取付け工法には3種ある。

① 鉄骨工法／軽量鉄骨などを開口部構成材として納めるサッシュで，鉄骨に溶接する方法と小ねじで取り付ける方法がある。

② 鉄筋コンクリート工法／コンクリート開口部にインサートや差し筋を配置し，サッシュ取付け墨を基準に，くさびで調整建込みをし，サッシュアンカープレートとインサートを丸鋼を連結筋として溶接固定する。

③ ALC工法／工法としては鉄筋コンクリート工法と同じであるが，ALC版を開口部構成材として納められるサッシュで，ALC版のインサートまたは通し（アングル，鉄筋など）などに溶接固定する方法である。カーテンウォール工法の概略は，サッシュの構造方式や分解点，分解数によって方立方式とパネル方式に大別されるが，一般的にはスラブに埋め込んだ先埋め金物にファスナーを取付け墨に合わせ，溶接固定し，それを基準にスラブからスラブまでのサッシュ構成材を下階から上階へ，ボトル締めと溶接および小ねじによって組付け固定していく方法である。

鉄骨造におけるサッシュ取付けは，縦・横胴縁，補強材，柱，梁などにアンカープレートをビス止め，または溶接によって取り付けるのが一般的である。建込みは取付け位置（基準墨，サッシュの高さを決める陸墨，サ

サッシュ取付け施工例

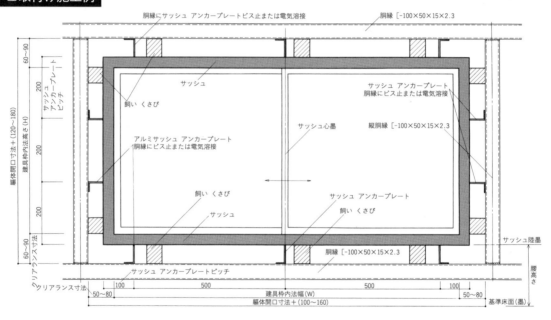

サッシュアンカープレートの位置は一般に開口部の大きさ(幅と高さ)によって下表に示す寸法が用いられている

サッシュ幅寸法(W)	建具アンカープレートの位置			アンカープレート数	サッシュ高寸法(H)	建具アンカープレートの位置			アンカープレート数
	端部位置	中間位置	端部位置			端部位置	中間位置	端部位置	
800	100 ⊥ 300	⊥	300 ⊥ 100	3	350	175	⊥	175	1
900	100 ⊥ 350	⊥	350 ⊥ 100	3	600	200	⊥ 200 ⊥	200	2
1,200	100 ⊥ 500	⊥	500 ⊥ 100	3	900	200	⊥ 500 ⊥	200	2
1,400	100 ⊥ 600	⊥	600 ⊥ 100	3	1,100	200	⊥ 350 ⊥ 350 ⊥	200	3
1,500	100 ⊥ 450 ⊥	400	⊥ 450 ⊥ 100	4	1,200	200	⊥ 400 ⊥ 400 ⊥	200	3
1,600	100 ⊥ 450 ⊥	500	⊥ 450 ⊥ 100	4	1,300	200	⊥ 450 ⊥ 450 ⊥	200	3
1,700	100 ⊥ 500 ⊥	500	⊥ 500 ⊥ 100	4	1,500	200	⊥ 550 ⊥ 550 ⊥	200	3
1,800	100 ⊥ 550 ⊥	500	⊥ 550 ⊥ 100	4	1,750	200	⊥ 450 ⊥ 450 ⊥ 450 ⊥	200	4
2,000	100 ⊥ 450 ⊥ 450 ⊥ 450 ⊥ 450 ⊥ 100			5	1,900	200	⊥ 500 ⊥ 500 ⊥ 500 ⊥	200	4
	⊥：アンカープレートを示す				2,000	200	⊥ 550 ⊥ 500 ⊥ 550 ⊥	200	4

開口部

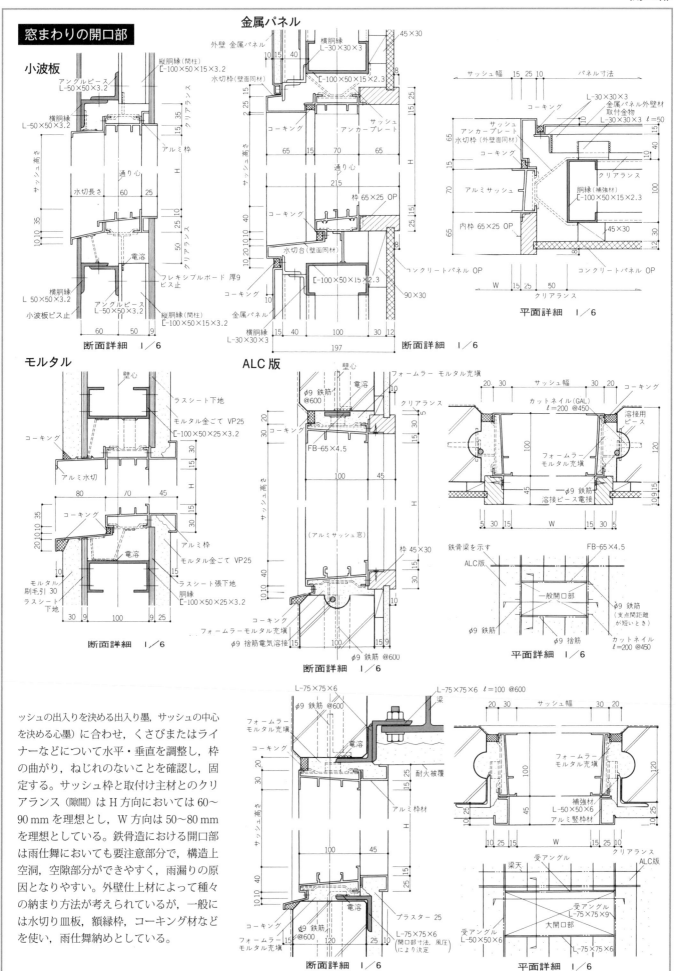

ッシュの出入りを決める出入り墨，サッシュの中心を決める心墨）に合わせ，くさびまたはライナーなどについて水平・垂直を調整し，枠の曲がり，ねじれのないことを確認し，固定する。サッシュ枠と取付け主材とのクリアランス（隙間）はH方向においては60〜90mmを理想とし，W方向は50〜80mmを理想としている。鉄骨造における開口部は雨仕舞においても要注意部分で，構造上空洞，空隙部分ができやすく，雨漏りの原因となりやすい。外壁仕上材によって種々の納まり方法が考えられているが，一般には水切り皿板，額縁枠，コーキング材などを使い，雨仕舞納めとしている。

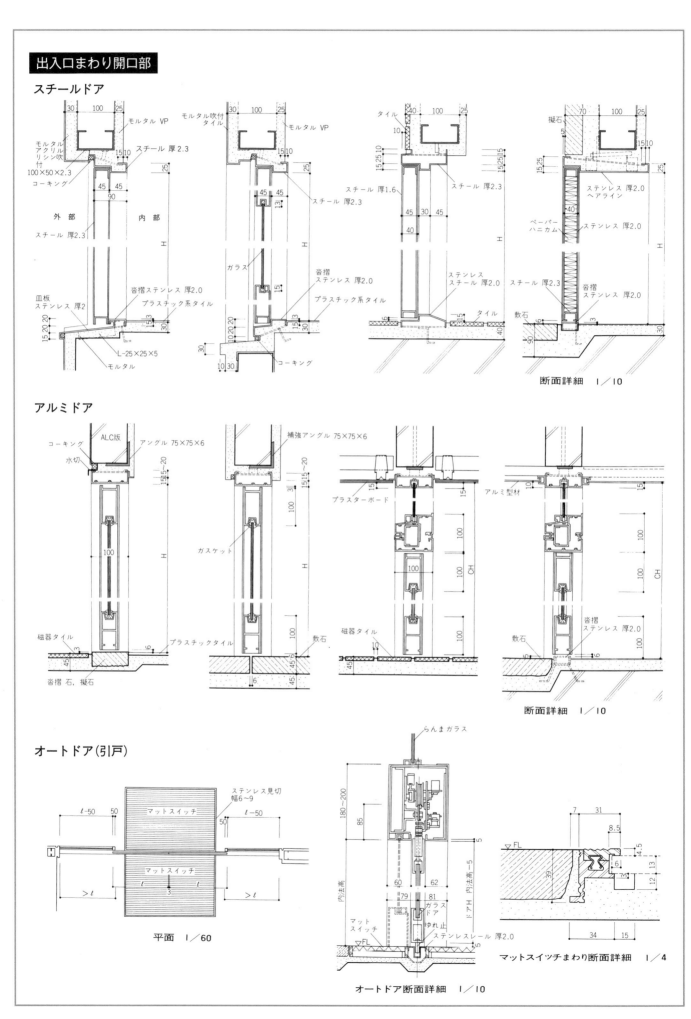

開口部

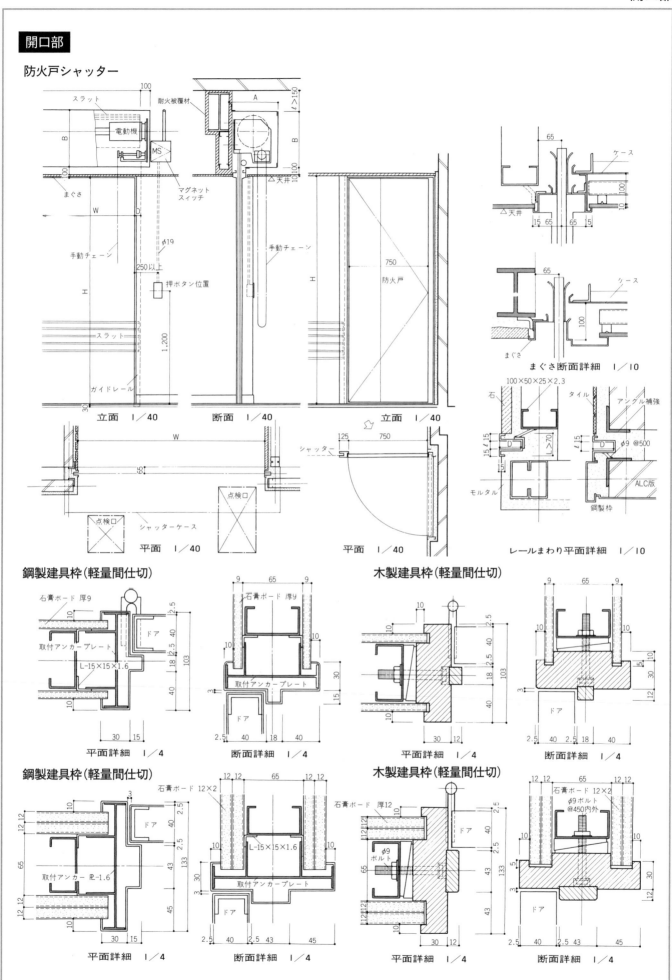

開口部

金属性カーテンウォール

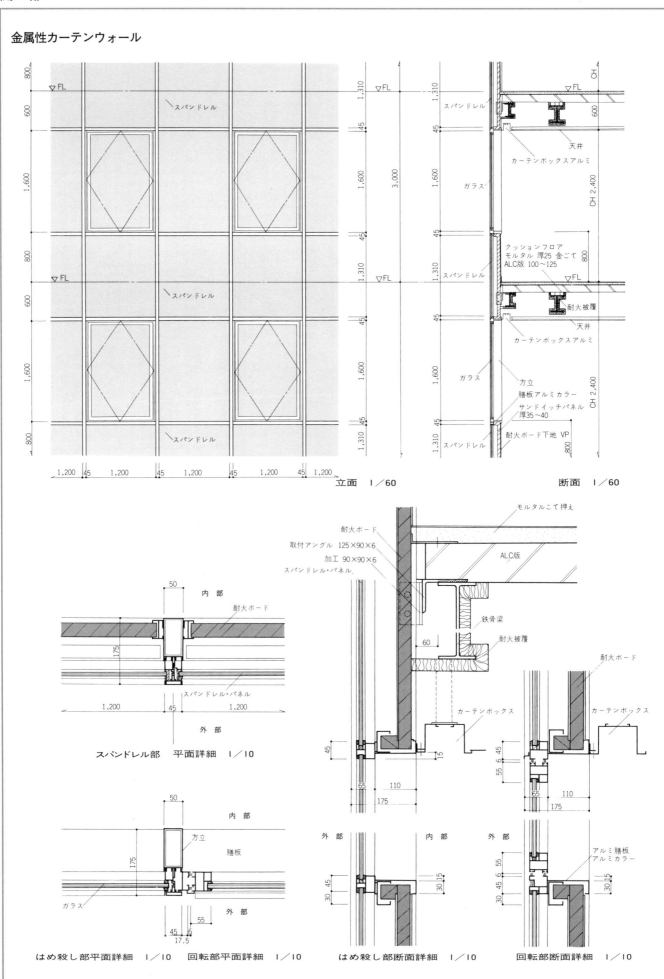

天井

天井は，室内空間の上部を構成する面で，その基本的な形態は，直天井と吊り天井からなる。直天井は，上階スラブの下端面を露出させたまま直接仕上げを施す仕様であるが，鉄骨造の床下は，床組，ブレースなどの架構上の部材が交差し，さらに耐火被覆処理や設備配管も絡み，施工が容易でない。また，機能上でも断熱，防露，遮音に欠ける点で，あまり実用的ではない。吊り天井は，二重天井とも称され，吊り木により天井面を上階スラブから必要なだけ離して支持させる方法で，最も一般的な天井形態である。

前述のように，天井デザインは非常に多種多様で，一概に分類することはむずかしいが，様式として定着したものもある。形や仕上げ構法から区分すると，形からは平天井，掛込み天井，落天井，折上げ天井，方形天井，舟底天井，ヴォールト（曲面天井），ドーム，その他となり，仕上材構法からは，和風様式として竿縁天井，格天井，敷目地天井，大和張り天井，竹天井，網代天井，すだれ天井などが代表的で，一般分類として打上げ天井（板，合板，繊維板，石膏ボード，金属板，プラスチック板，その他），塗り天井（各種塗り仕上げ，吹付け仕上げ），張付け天井（紙，裂地，各種クロス）があげられる。また，防音天井，断熱天井として，特に性能上の処理に重点をおいた天井，さらにオフィスビルのため，空調，照明，防災などの設備面を組み込んだ「システム天井」が考案されている。現代都市における建築の過密化，高層化，多様化にともない，各種の防災規定が設定され，その防災機器の多くが天井面に配置される。たとえば，火災報知器（煙，熱），スプリンクラー，排煙設備，防煙垂れ壁，防火シャッター，非常用照明，非常用スピーカーなどである。したがって，天井面における一般建築設備器具（照明，空調，換気）と防災機器との配置計画は，設備設計との綿密な打合せや天井裏の構造チェックにより，合理的に整理され，デザイン的にもスマートに解決されることが望まれる。

天井下地

吊り天井下地は原則として，吊り木受け，吊り木，野縁受け，野縁などの部材から構成され，材質別に木製下地と金属下地がある。鉄骨造の場合は，支持材との取合い，不燃性，耐久性，堅牢性などの点で，金属下地が多く採用される。

木製下地——木製下地は建物の構造別に関係なく使用されるが，防火性や耐久性に難点がある。吊り木受けは，小屋組や梁に掛け渡す場合は杉丸太径70～90か同等の松角材，上階スラブ下端面に取り付ける場合は角材90×75角で，90cm内外の間隔に配置されて吊り木の受材となる。吊り木は寸法30×36の杉か松材で，90cm内外間隔に吊り木受けに釘打ちされ，野縁受けを支持する。野縁受けは寸法40×45で吊り木や野縁と同材を用い，間隔90cm内外に吊り木と野縁に「手違い小かすがい」か「釘打ち」で取り付けられる。

野縁は野縁受けと同材同寸が多く，間隔36～45cm内外に野縁受けに接合され，天井仕上材または仕上げ下地を取り付ける部材となる。また，記載した部材寸法は標準例を示すもので，設計に際しては支持材の間隔や天井仕上材の重量や割付けによって決められる。

金属下地——金属下地は，鋼製や軽金属製の規格製品を使用するので，不燃性，耐久性，堅牢性，施工精度などの点で木製下地にまさる。出火の際，天井面の不燃性は防火上，特に重要で，その効果は仕上材の性能と下地材の性能との併用により完全となる。また，冷暖房や外力による天井面のくるいや塗り天井のひび割れなどに対しても，金属下地の堅牢性が有利である。

金属下地の部材構成は木製下地と原則的に同じで，吊り木受け（インサート），吊り木（吊りボルト），調整金物，野縁受け（野縁受けチャンネル），野縁（各種形鋼）からなる。

インサートは，上部床版により種々の形式があるか，吊りボルトの受材として床版に取り付けておくもので，一般に埋込み間隔90～100cmで千鳥に配置する。鉄筋コンクリート造床版に埋め込む場合は，型枠上に釘止め配置し，型枠除去により床版下面にインサート下端が露出されるようにする。吊りボルトは鋼ボルト径9～12mmのほかに，プレート，アングルなども使用され，上部はインサートに接合し，下端は調整ハンガーで野縁受けを止める。

野縁受けはチャンネルが多く用いられ，間隔90～120cmに掛け渡す。野縁は，間隔30cm，40cm，60cm内外に，野縁受けと直交するようにクリップ止め，または特殊つかみ金物などで取り付けられ，その形態は各種天井材との取合せにマッチするよう成型された軽量形鋼が製作されている。

各種野縁ランナーと天井張り仕上げの納め方は，大別して次の方式がある。コンシール方式——天井材の突付け目地仕上げで野縁ランナーを隠す方式。エキスポーズド方式——天井材をランナーに上乗せする方法で，ランナー下端が目地として現れる。スクリューアップ方式——ねじ止め方式の打上げ仕上げ。プットイン方式——受金物に埋込み金具を差し込んで張り上げる方式。

特定天井の安全技術基準

大震災時における吊り天井の落下事故に鑑み，新たに特定天井の概念導入と，建築基準法に基づく天井脱落対策の規制強化が定められた。特定天井とは6m超の高さにある200m²超の吊り天井で，天井面構成材の単位面積質量（1m²当たり）が2kgを超えるものを指す。特定天井に対しては，中地震で天井が損傷しないことを検証して定めることになっている。この根拠となる技術基準の規定は建築基準法第39条が改正されて3項，4項に示されている。特定天井の適用概念や，一般的吊り天井の補強構成法などについては，関係告示および「建築物における天井脱落対策に係る技術基準の逐条解説」等に示されており，参考にしていただきたい。また，文部科学省から各教育機関等への通知の内容も承知しておくとよい。

各種床版と天井の吊り方

ALC版

直天井

工場，倉庫，機械室などはパネルに直接塗料吹付けの直天井，それ以外の建物は吊り天井が一般的である。ALC版の場合，無処理の直天井は，パネルの傷や補修部分が露出され，若干の粉落ち現象をともなうので，素地仕上げは避けるべきである。直仕上げ方法は，目地をVカット面取り仕上げののち，下地シーラー処理を施し，合成樹脂系塗料，各種リシン状塗料，パーライトなどを吹き付ける。張り仕上げの場合，ボード類などのパネル直張りはできないので，野縁受けとして間隔90cm内外に，木れんがを接着剤併用洋釘打ち，または角材60×60ぐらいをボルト締めで版に取り付け，野縁45×45，板野縁15×75を釘打ち接合し，仕上材を張り上げる。

吊り天井

ALC版には，ダクトなど吊り荷重の大きいものは直付けせず，鉄骨躯体に負担させ，床ブレースと下地材と仕上材は絶縁させる。下地には，木製，金属製，ALC版専用の天井吊り木金物（吊り木用，吊りボルト用）がある。木製下地は吊り木受け75×75を，金属下地はターンバックルを，それぞれ90cm間隔で版にボルト止めとする。この場合，上階スラブの仕上げによっ

特定天井

天井の吊り方

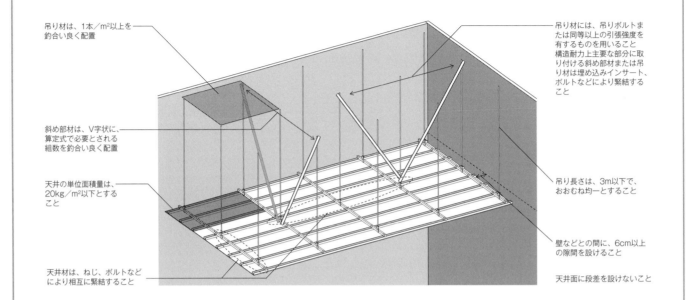

天井の吊り方

ALC版と天井の吊り方

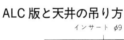

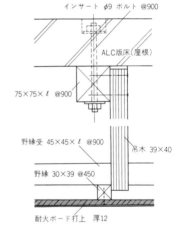

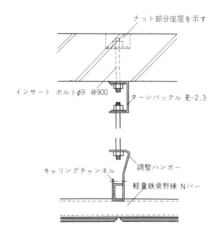

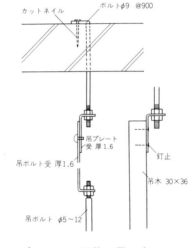

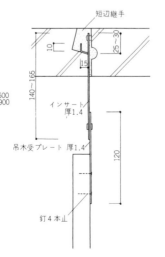

デッキプレートと天井の吊り方

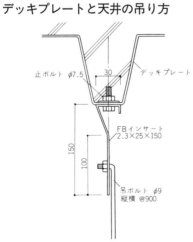

天井

デッキプレート下ロックウール吹付け

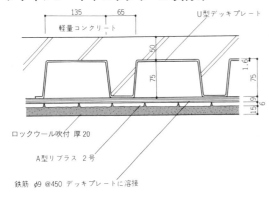

折板屋根と天井の吊り方

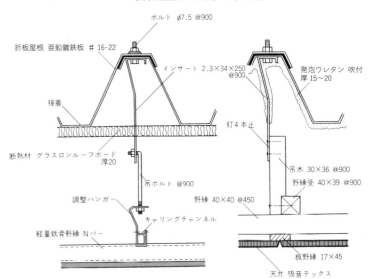

天井下地

ALC版床と吊り天井

木造下地天井

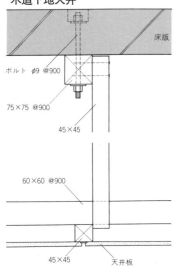

軽量鉄骨下地天井

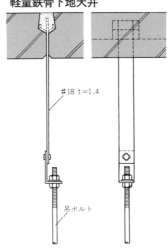

木造下地天井

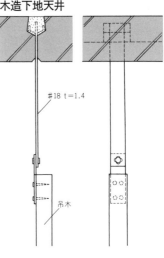

デッキプレート床と吊り天井

木造下地天井

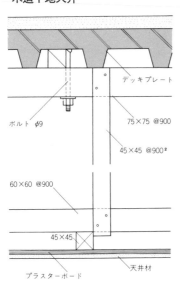

金属下地天井

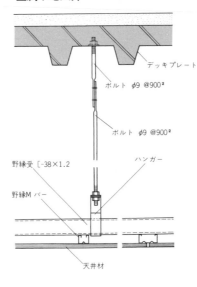

木造下地天井

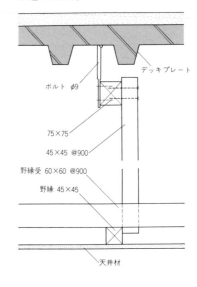

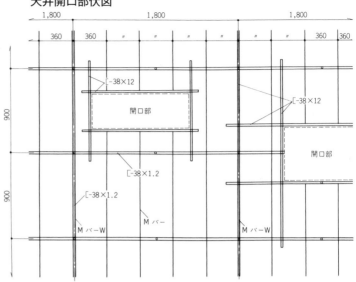

軽鉄天井下地および開口部　　天井開口部伏図

ては，ナット部分を座掘りする必要がある。専用吊り木金物は，版の割付け目地を利用して取り付けるため，版敷込み後，目地モルタル充填前に所定位置に挿入しておくこと。

床鋼板・折板屋根
上部床版または屋根が鋼材の場合は，天井が耐火被覆処理と関連して取り扱われる例もあるので，関係規定を調査すること。デッキプレート床版の直天井は一般に，ラス受材として力骨鉄筋 $\phi6\sim9$ を間隔 30～45 cm にデッキプレートに溶接し，メタルラス張りのうえ各種左官仕上げを施す。吊り天井はインサートを間隔 90 cm にデッキプレートにボルト止めし，吊り木または吊りボルトを連結するか，吊り金具鉄線などをデッキプレートに溶接で取り付ける。折板屋根の吊り天井は，重ね部分緊結ボルトを利用してインサートを間隔 90 cm 内外に止め，吊り木または吊りボルトを連結する。屋根の場合は，断熱材との取合いも工夫を要する。

天井の構造は，大別すると，直天井工法と吊り天井工法の形式がある。天井という意味での本来の姿とすれば，後者の形式のものと考えてよいだろう。鉄骨造における直天井は，その構造性（揺れ，震動などの変形要素）のため，不適当であろう。一般的な吊り天井工法の下地構造と納まりを記す。

木製下地
上部構造が木造，鉄骨造，鉄筋コンクリート造などの小屋組，2階梁，コンクリートスラブなどに，吊り木受けを渡し掛けるか取り付け，受木に吊り木を接続し，その先に野縁受け，さらに野縁を取り付けて天井下地を構成するのを原則としている。野縁に各種天井仕上材を取り付け施工することにより，天井が仕上がる。天井材の野縁への取付け法には各種あり，これにより天井の種別や名称が区別されていることが多い。

① 吊り木受け／梁など受材間隔が 2,700 mm 以下のとき，吊り木径は末口 70 丸太か同等角材などを使用する。ただし，塗り天井仕上げのときは吊り木径 80 丸太，同等角材などを使用する。梁など受材間隔が 3,600 mm 以下のときは吊り木径，末口 80 丸太か同等角材などを使用し，塗り天井仕上げのときは末口 90 丸太，同等角材などを使用する。吊り木受け間隔は 900 mm 内外で行い，かすがい，手違い金物，釘などで止める。

② 吊り木／一般天井のときは 30×36 角材を使用する。ただし，竿縁天井は 24×30 角材でもよい。間隔は 900 mm 内外に千鳥に配置し，釘2本打ちで吊り木受けに止め，野縁受けには片蟻欠きで接合する。

③ 野縁受け（裏桟）／一般天井のときは 39×45 角材を，竿縁天井のときは 30×36，39×39 角材を使用し，間隔は 900 mm 内外で乱継ぎとし，かすがい，釘打ち止めとする。

④ 野縁／天井仕上材を取り付ける最終下地材であるが，一般に角野縁は 39×45 くらいのものを使用する（野縁受けと同材とすることが多い）。15×100 の板野縁（大貫，中貫）や 15×50（大貫，中貫の二つ割）などを使用する場合もある。この張上げ方によって種々の張上げ名称がついている。間隔は 360～450 mm 内外とするが，仕上材の寸法に適宜合わせて行う。継手は乱継ぎ，かすがい継ぎ，釘打ち，下端水平の相欠き格子組みなどとすることもある。

金属製下地（鋼製，軽金属製）
防火上その他の理由で，天井下地を不燃性の鋼製，軽金属製とすることが多くなった。方式は木製と同じ吊り木受け（インサート），吊り木（吊りボルト），野縁受け，野縁（軽金属製形鋼）で構成している。吊りボルト，アングル，チャンネル，ライナーなどは特殊加工部材として市販されているが，型式は国内，国外とも数十種類ある。

① インサート（吊り木受け）／床版に吊りボルトなどを取り付けられるように，床版下端または床版内にあらかじめ接合用の受材を取り付けておくもので，木れんが，番線，鉄筋，各メーカー市販金具など数が多い。インサートの取付け，埋込み間隔は一般には 900～1,000 mm とし，千鳥配置とする。コンクリート床版などに埋め込む場合は，型枠板上に既定寸法間隔でインサートを配置して釘止めとし，コンクリート打ち後，型枠を除去したときに下端が露出するように取り付ける。インサート内部にはコンクリートが回り込まないよう空洞部に布切れなどを詰めるとよい。

② 吊りボルト／吊りボルト（平板，アングルもある）の太さは天井荷重により定めるが，一般には径 9～13 mm くらいの鋼ボルトを使用する。取付けはボルト上部のボルトねじでインサートへねじ込み，下端は調整可能金物で野縁受けをつかみ止めする。メーカーにより，ボルトナット式，つかみ金物式，クリップ止め式など各種ある。

③ 野縁受け／一般には 40 mm（例：[-

天井

形鋼野縁　軽量形鋼野縁と天井施工方式

コンシール方式（隠し） concealed　天井板材の突付け目地仕上げで，野縁を見せない方式

● H. ランナー方式（H&T方式）

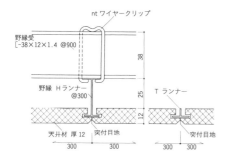

● シップ，ラプトエッジ方式

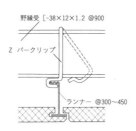

● Zランナー方式

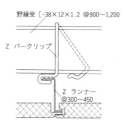

エキスポーズド方式（あらわし，上乗せ） exposed
野縁の下端を露出し，天井板は野縁の上に乗せる方式

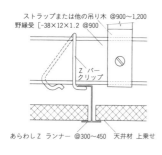

スクリューアップ方式（打上げ）
受板にねじ，ねじり込みで止める方式

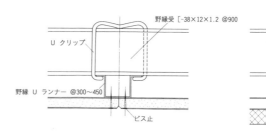

プットイン方式（差込み）
バネ式の受金物（野縁）と埋込み金具を差込み，支持させる方式
米国系メタルパン方式（差込み止め）

38×12×1.4）内外の軽量形鋼（チャンネルまたは特殊型）を間隔900～1,200mmに掛け渡す。
④　野縁／一般には20mm内外の形鋼（例：S-19×25, W-19×50）を使用し，間隔は300～450～600mm内外に野縁受けと直交するように掛け渡し，ワイヤークリップ，平クリップ，特殊型つかみ金物などで接合する。野縁の型・種類は，天井仕上材の取付け方によって各種特別な工夫を加えた軽量形鋼のものが使用されている。
⑤　天井仕上材／天井仕上材として用いられる材料は，壁仕上げに用いるもの（左官仕上げ，張板仕上げ，人工ボード・テックス張り仕上げ，金属板仕上げ，合成樹脂板仕上げ，布・紙張り仕上げなど）が使用される。壁より軽量であることが要求され，亀裂，剥離などの入らないものを考慮し，大面積のものを避けて，小面積単位のものを組み合わせ，はぎ合せとすることがよいとされている。その他，防音，防暑，防寒，防湿，光・空気などの反射や吸収や発生などの要求度により材料と工法を考慮する。

内壁仕上げと天井納まり施工の注意
ⓐ回り縁のない場合，底目地のペンキなどは先に塗らなければならない。ⓑ回り縁見付けには養生テープを張る。ⓒプラスターボード下地で回り縁なしのときは壁を先行させて行う。ⓓボード，合板類天井で回り縁のない場合，仕上げに紙・布張りは避けたほうがよい。ⓔ練付け合板，板張り練付け合板，紙・布張りのとき，間仕切下地と天井下地の交点を緊結しなければならない。また壁の通りをよくチェックする必要がある。ⓕ吸音板のエンドは無孔にする。ⓖ天井材および天井下地は，温度変化によって膨張収縮するので，天井の動きによって壁仕上げが損傷しないよう配慮する。ⓗプラスチック天井などの場合は，特に長手方向の伸縮に注意をして止める。ⓘ金属回り縁の施工順序は，天井下地→回り縁→左官・石工事→金属天井とする。ⓙ金属回り縁を天井下地（野縁）に止める場合，野縁の不陸をなくすように壁際にランナーチャンネルなどの不陸止めの準備が必要である。ⓚタイル張り・石張り壁などの場合，天井高はタイル割りに合わせて決定する。

壁・天井

カーテンウォール壁と鋼製カーテンボックスと天井

鋼製建具間仕切と天井

ALC版間仕切と天井

防振天井下地

隠し回り縁

木製回り縁

隠し回り縁

天 井

プラスチック回り縁
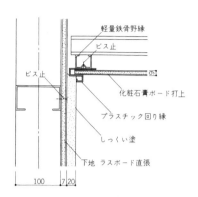

アルミ回り縁
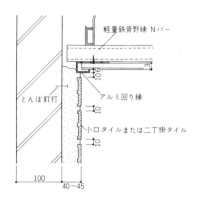

アルミ回り縁
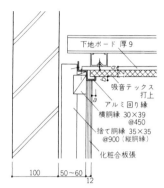

隠し回り縁（はっかけ）
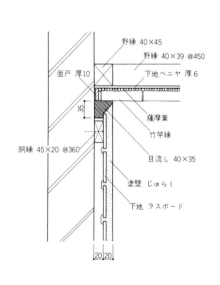

アルミ回り縁 / アルミ回り縁
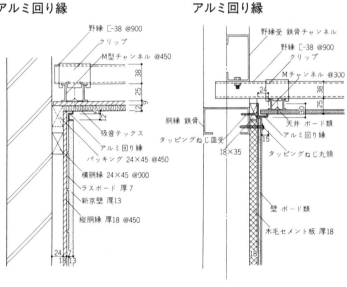

プラスチック回り縁 / アルミ回り縁
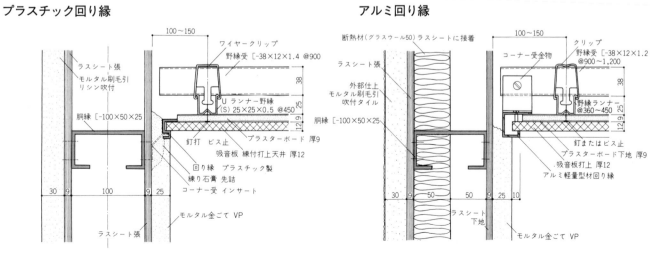

アルミ回り縁

透し目地

カーテンボックスとの取合い

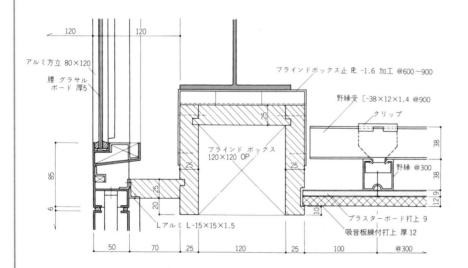

各種の吊り天井における天井面構成部材の単位面積質量

吊り天井の種類	単位面積質量
ロックウール吸音板9mm＋石膏ボード9.5mm＋下地材	10.2～13.1kg/㎡＊
石膏ボード9.5mm＋下地材	7.1～10.0kg/㎡＊
グリッドタイプ天井（ロックウール吸音板）	5.5kg/㎡
体育館用のシステム天井（グラスウール板）	4.8kg/㎡
膜天井（膜材料のみ）	0.5kg/㎡
金属スパンドレル	6.5kg/㎡～＊

＊野縁などを用いるもの

（注）ただし、これらの数値には、照明設備等の単位面積質量は含まれていない。

天井

下り壁と天井

出隅・入隅（アルミ回り縁・アルミ見切り縁）

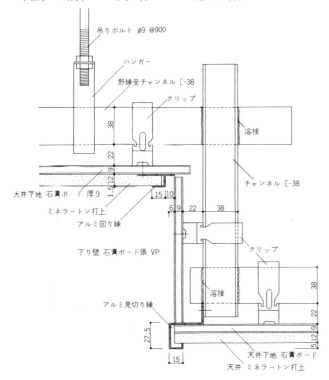

出隅（アルミ回り縁）

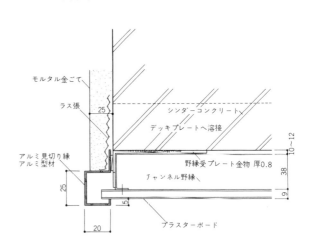

出隅・入隅（アルミ回り縁・アルミ見切り縁）

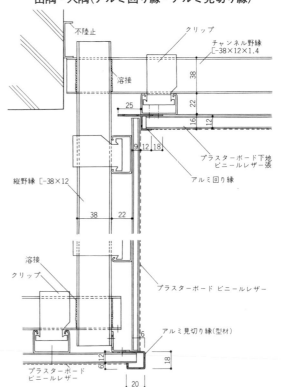

出隅（木製見切り縁）

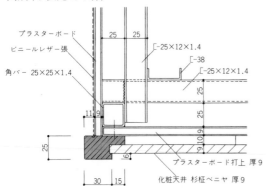

アルミ回り縁規格品（定尺長さ3.0m）

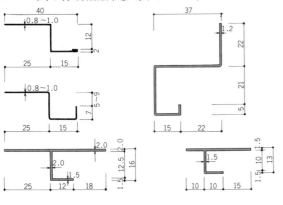
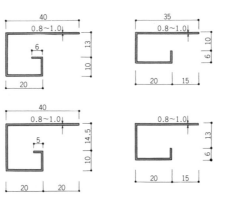

屋根

屋根は，デザイン的には建物を象徴する主要なポイントとして外観をひきしめ，機能的には雨・雪・日射・気温などの自然現象から，建物を保護する基本的な役割を果たしている。屋根の形態は多種多様で，建物の用途，気候や風土，意匠構想，その他の条件を総合して設計されるが，不適正な屋根は建物に致命的な結果をもたらすので，安定した形態を採用すべきである。

屋根という言葉は非常に広範囲の意味に使用されているが，傾斜した面をもったもののみを指すのがふつうで，水平の面の場合は陸屋根と称し，ともに非歩行性を原則とする。水平面で日常そこに出られるようになっているものを屋上または屋階という。

屋根の形式は，片流れ，切妻，寄せ棟，方形，入母屋，マンサード，腰折れ，のこぎり屋根，越屋根，陸屋根，差掛け屋根，アーチ屋根，シェル，などの種類がある。

小屋組

鉄骨造の屋根は木造と異なり，必ずしも小屋組を必要としないものもある。屋根の形状をつくる骨組には，次の4種がある。

ラーメン躯体の梁を小屋梁として形成するもの
山形，片流れラーメンや陸屋根の梁による水勾配傾斜などが該当する。

トラス小屋組によるもの
トラス架構（平面トラス）は，部材が三角構面を単位として形成され，各部材間の節点はすべてピン接合構成で，外力に対して各部材には軸方向だけが伝達される。したがって，曲げモーメントを受ける部材にくらべて変形が少なく，鉄骨の素材に適した架構である。特に長いスパンの屋根構成になると，構造的にも経済的にもトラス小屋組のほうが有利であるが，防火処理の面では問題がある。トラスは形により，勾配トラス，陸トラス，アーチトラスと大別され，三角形構成の方法により，キングポストトラス（真束小屋組），クインポストトラス（対束小屋組），ハウトラス，フィンクトラス，プラットトラス，マンサードトラス，ワーレントラスなどの各種に分けられる。

建築物全体の立体構造として形成されるもの
建築物はすべて立体構造であるが，特に力学的構成システムが立体的でなければ成立しない構造で，立体トラス，ドーム，シェル，サスペンション，折板構造などがある。

小屋組のみ木造としたもの
きわめて小規模で，法規規定に抵触しないもの。

葺き屋根

鉄骨造は，葺き屋根，屋上の両タイプが可能で，一般に，工場，倉庫，体育館，スーパーマーケットなどに葺き屋根が多く，事務所タイプの建物には屋上形式が多く採用される。

葺き屋根は，できるだけシンプルな屋根状として，「水はけ」の円滑をはかるのが基本である。屋根葺き材は，屋根の形状，外気環境，デザインなどから決定されるが，鉄骨造の特性を生かし，軽量で，防水性，防火性，耐久性，堅牢性にすぐれた材質であることが条件である。いずれの葺き材においても，下地との取合い，勾配，葺き材の重ねと継手，立上がり，各頂部と端部の納め方に対して正しい使用と精密な雨仕舞のディテールが要求される。屋根勾配は，屋根葺き材，流れの長さ，気候条件により算出されるが，余裕のない傾斜は避けること。強風の場合，急勾配の屋根は風方向と反対側の屋根面に吸い上げられる力が作用するので，構造的検討と屋根材の緊結には入念な施工を要する。風害の多い軽量屋根葺きの軒先，けらばのディテールには耐風性を忘れないこと。葺き屋根の工場，体育館などは，金属のさまざまな波形板が一般に使用され，また通常天井を張らないので屋根面の断熱性が問題となるが，耐火性・吸音性を含めて，木毛セメント板（厚18以上），木片セメント板（ドリゾール，センチュリーボード），インシュレーションボード，パーティクルボードが野地板をかねて打ち上げられる例が多い。

鉄骨造に最も実用的な屋根材は，波形石綿スレートと金属板であったが，石綿系の材料は主役の座を降りた。代わって樹脂系の波形材や角波，折板材が用いられるようになっている。

波形板材葺き

流れ断面積の大きい大波板は，隅切葺きが原則である。勾配は3/10以上とし，横重ね一山半，縦重ね寸法は約15 cmで母屋上で継ぐ。流れの長い場合には，シーリング材との併用を考える。止付け金具は，母屋の断面形状にならった径6 mmのフックボルト，チャンネルボルトが使用され，ボルト下にユニクロムめっき鉄座とフェルト座を併用する。棟，軒，けらば部分には，各種の専用役物を使用して納める。

金属板葺き

長尺亜鉛鉄板，カラー鉄板，塩化ビニール鋼板，アルミニウム板，ステンレス鋼板，銅板を葺き材とし，工法として平葺き，瓦棒葺き，折板屋根などがある。5/100内外のゆるい勾配の可能性を特色とするが，屋根面の断熱処理を必要とする。折板屋根は，その形状から母屋材を必要とせず，直接梁に架構できる構造屋根である。取付けは，折板の重ね部分で，タイトフレームを鉄骨梁に溶接またはボルト締めで固定しておき，それに折板を緊結ボルト（径9.5）止めとする。この場合，ナット下にウールパッキン座金を使って漏水を防ぐ。折板相互の緊結は，頂部重ね部分において，間隔60 cm内外に緊結ボルト（径7.5）により連結する。

屋上

鉄骨造の陸屋根と屋上の床版は階上床と同じで，通常，ⓐ ALC版，ⓑコンクリート充填デッキプレート版，が多く採用される。いずれの場合も，水槽や広告塔などの過大な集中荷重は床版に負担をかけず，必ず構造躯体からアンカーするよう事前に計画しておくことが原則である。ⓐを使用の緩勾配の場合，屋上面の水溜りを防ぐ意味で，パネルを勾配に対して直角方向に敷き並べるよう構造計画することが望ましい。ⓐもⓑも水勾配はシンダー勾配を避け，屋根荷重の減少をはかり，軽量性を保つために構造躯体でとるのが原則である。屋上防水は，雨水，雪などによる水の浸入または透過を防ぐことにあり，アスファルト防水，シート防水，塗膜防水，モルタル防水などがある。鉄骨造の構造特性と，床版が防水に影響する注意ポイントを次に列挙する。

① ⓐは多気泡材質により，ⓑはデッキプレートの併用から，適正乾燥状態を得にくいので，完成後，防水層に「ふくれ」や「はがれ」の発生するおそれが生じるため，アスファルト防水では密着工法や絶縁工法が望ましい。

② 柔構造特性から，振動による支持材上の継手目地の口開きや亀裂が起こりやすいので，この部分の補強張り処理を必要とする。

③ モルタル防水や塗り厚の薄い塗膜防水は，構造変位に対する順応性に欠けるので使用を避けるべきである。

④ 陸屋根の露出防水は，保護押えがないので，特に耐久性・耐候性にすぐれ，下地の変動に強いものを選択すべきで，断熱材との併用も考慮する。

⑤ 漏水は，一般に平坦な面より，軒まわり，ドレーンまわりなどの隅角や，パラペット，壁取合い部などの立上がり部に多く見られる。特に立上がり部は，防水層を直角に折り曲げないよう，コーナーキャントや塗り下地で面取り立上げとし，パラペットの笠木防水にも注意する。

屋根

葺き屋根

葺き屋根

耐候性鋼板屋根

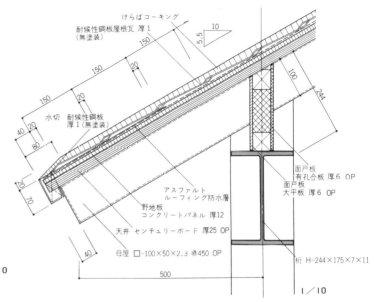

折板屋根

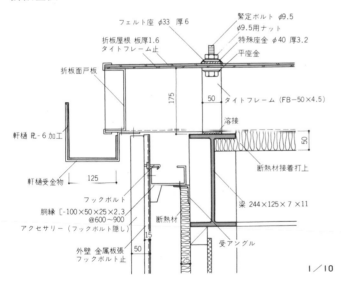

鉄骨切妻大屋根造り

折板構造 S 60 断面性能表

板厚（mm）	単位重量		正圧		負圧	
	kg/m	kg/m²	Ix cm⁴/m	Zx cm³/m	Ix cm⁴/m	Zx cm³/m
0.8	3.96	13.20	559	55.7	465	40.7
1.0	4.92	16.40	696	69.4	666	60.2
1.2	5.87	19.57	868	86.5	905	87.2

＊単位重量はアルミ亜鉛合金めっき鋼板の値を採用。断面性能は、JIS A 6514 の曲げ体力試験に基づいて算出（三晃金属工業）

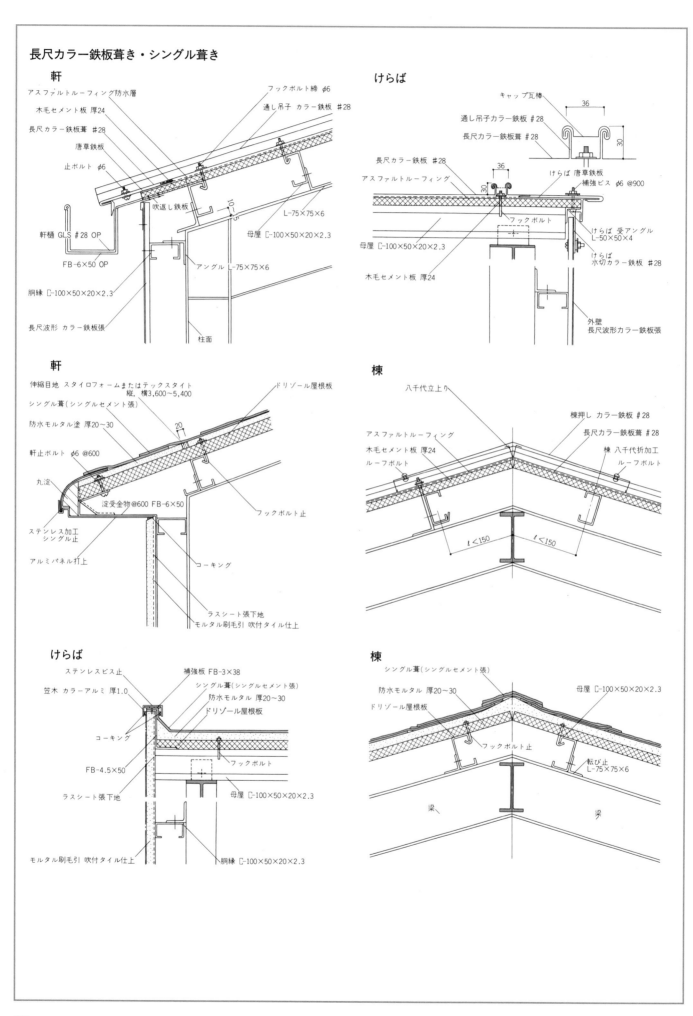

屋根

ALC 屋根版

ALC 屋根版標準取付図

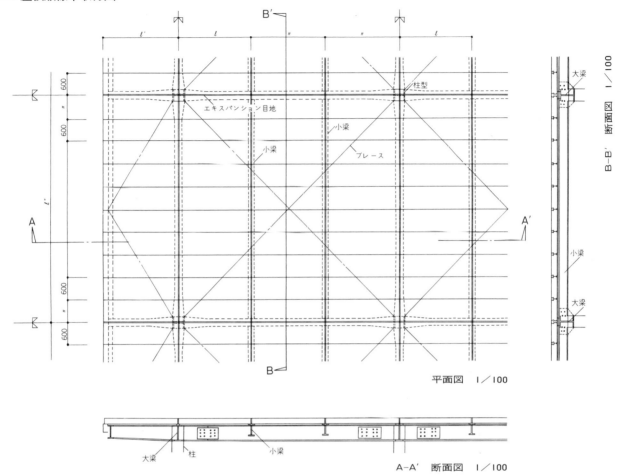

版受面の平滑処理

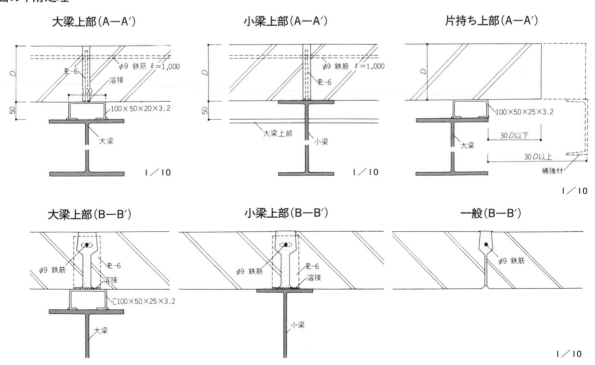

ALC版下地各種仕上げ

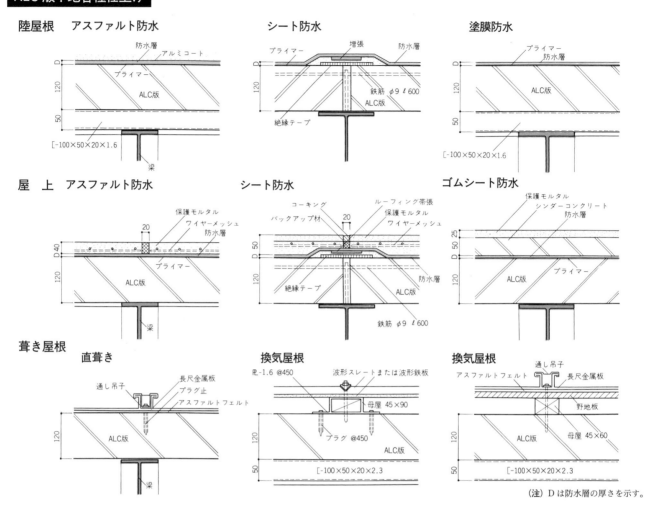

(注) Dは防水層の厚さを示す。

ALC版を用いた屋根面，ベランダ，庇などには必ず防水処理が必要である。防水工法は大別して，アスファルト系，シート系，塗膜系，モルタル系，葺き屋根系などがある。ALC版に対する防水工法としては，モルタル系を除き原則的にいずれも採用することができる。また防水下地としてのALC版はプレキャストパネルであり接合部がある。また表面強度が比較的小さく呼吸性があり，多孔質で若干の水分を含んでいる。

アスファルト系防水，シート系防水を採用した場合，この面が気密になるので，屋根下面の仕上げは通気性のある材料で仕上げることに注意する。またALC版は面精度，仕上がり精度が高く，軽量性を生かす意味もあり，モルタル施工上問題があるので屋根勾配は構造軸部でとり，下地モルタルなどはあまり使用しないのが原則である。ALC版の軽量性を生かす意味で露出防水が好ましいが，特に保護モルタルを施す場合は，なるべく梁上で目地切りコーキング処理を行うように注意する。

防水の施工はALC版の乾燥状態のときに行う。施工に適した状態は表面含水率10％以下といわれている。ALC版がぬれた灰色から乾燥した白色になってきたときが大体この状態である。降雨にさらされたパネルがこの状態になるには3～7日前後の風干しが必要である。したがって，パネル取付け施工後できるだけ早く防水工事を行うことが必要である。

少なくともプライマーだけでも取付け後ただちに施工することが望まれる。また軒まわり，ドレンまわりなど，複雑な納まりとなる部分は特に入念な施工を行う必要がある。

① アスファルト系の露出防水工法を採用する場合は，原則として冷工法による下地処理用の特殊プライマーの使用を心掛けること。これは通常のアスファルト熱工法において溶融コンパウンドを直接下地面（ALC版）に塗布すると，パネル表面付近に含まれる水分や空気が膨張し，アスファルト層の密着を妨げると同時に，以後防水層にふくれやはがれを生ずるおそれがある。

② シート系の防水工法を採用する場合，下地の清掃に特に注意する必要がある。小砂利などの突起物が残っていると早期にシートを破断させる危険がある。

③ 塗膜防水工法の場合，目地部防水層の亀裂防止に対する処理が必要である。この工法の場合は一般に塗膜厚が薄いので，パネルの長辺方向にも補強を行い完全を期する必要がある。

④ 葺き屋根系の防水工法を用いる場合は，下地ALC版面の目地およびパネル補強鉄筋を考慮して桟木，母屋，吊り子などの固定位置，方法を決定し，ボルト，釘類などはできるだけALC版専用のものを使用する。

屋根

屋上

パラペット納まり（ALC壁版＋ALC床版）

（左図ラベル）
手摺／溶接／L65×65×6／[200×50×5／コーキング／防水モルタル／ラス張／防水モルタル／発泡スチロール／シンダーコンクリート 水下 厚50／アスファルト防水層／ALC版／H=320／200／30／50／75～200／ロックウールまたはグラスウール／L65×65×6／φ9縦目地鉄筋／ALC版／[-100×50×25×2.3

（右図ラベル）
手摺／溶接／L65×65×6／[100×50×25×3.2／3.2曲加工／コーキング／ラス張／防水モルタルこて押え／シンダーコンクリート 水下 厚50／防水層／発泡スチロール／ALC版／小梁／H=320／30／50／75～200／L65×65×6 アングルピース

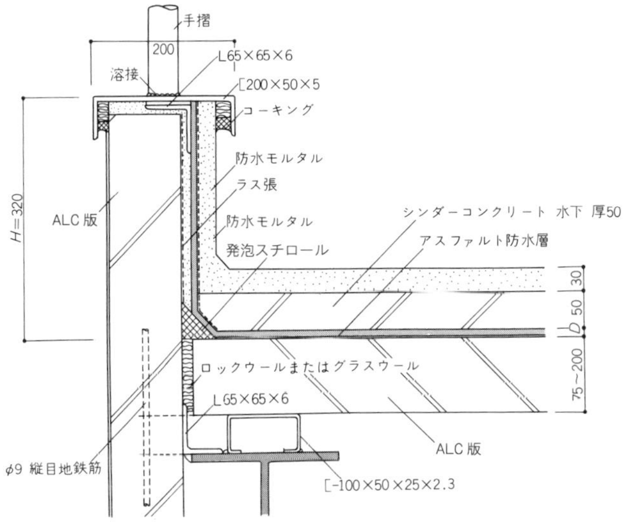

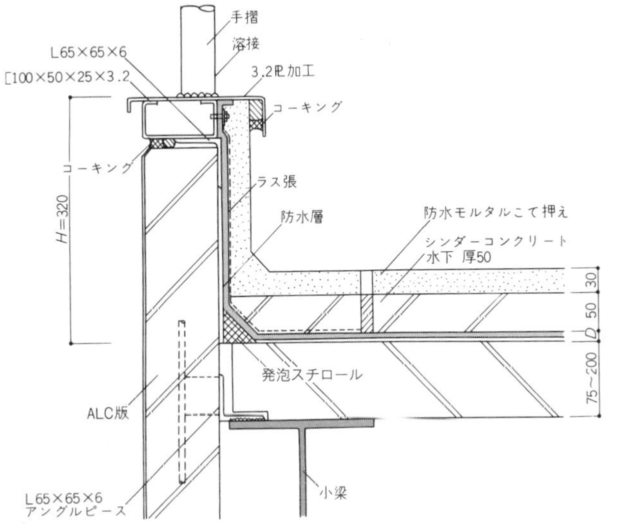

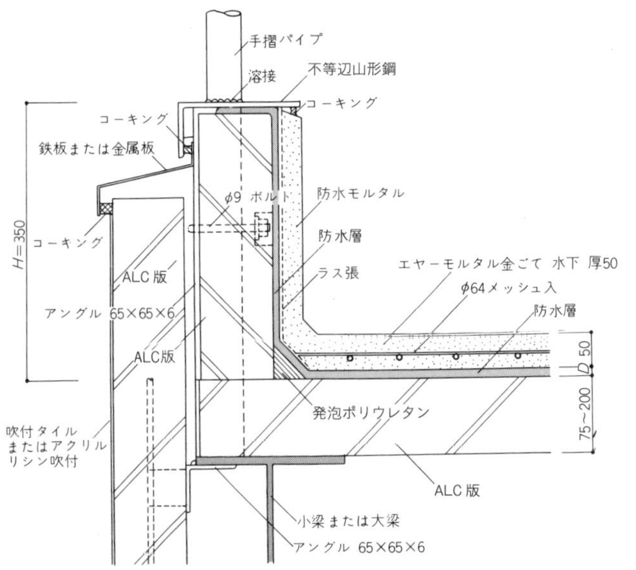

立上がり壁納まり（ALC壁版＋ALC床版）

（左図ラベル）
手摺パイプ／溶接／不等辺山形鋼／コーキング／鉄板または金属板／コーキング／φ9ボルト／防水モルタル／防水層／エヤーモルタル金ごて 水下 厚50／ラス張／φ64メッシュ入／防水層／ALC版／アングル 65×65×6／ALC版／発泡ポリウレタン／ALC版／小梁または大梁／アングル 65×65×6／吹付タイルまたはアクリルリシン吹付／H=350／50／75～200

（右図ラベル）
石膏ボードジョイント均し／吹付タイルまたはアクリルリシン／ALC版／[-200×50×6／畳寄せ／畳 厚54～60／コーキング／荒床正 厚15／水切鉄板／根太 45×54／防水モルタル／大引 90×45／ラス張／モルタル／防水層／木下地／ALC版／φ9 ℓ=1,000／6mm／[100×50×25×2.3／大梁／50／54～60／54／85／100～200／100～200

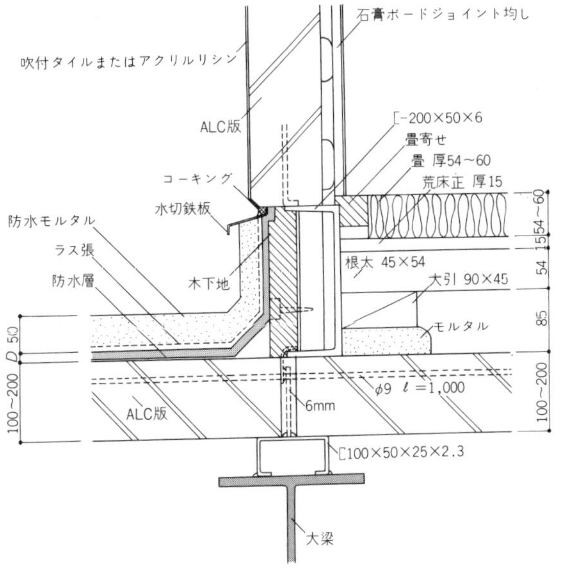

パラペット納まり（ラスモルタル壁＋デッキプレート床）

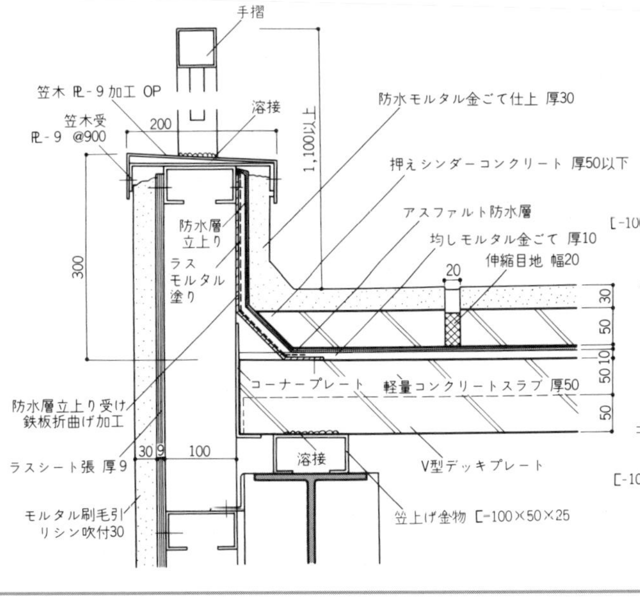

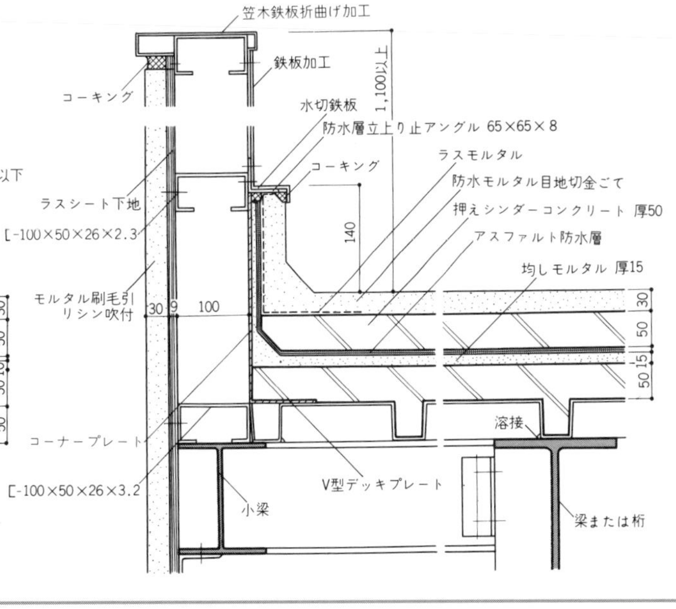

（左図ラベル）
手摺／笠木 肌-9加工 OP／笠木受 肌-9 @900／溶接／防水モルタル金ごて仕上 厚30／押えシンダーコンクリート 厚50以下／アスファルト防水層／均しモルタル金ごて 厚10／伸縮目地 幅20／防水層立り／ラスモルタル塗り／コーナープレート／軽量コンクリートスラブ 厚50／防水層立り受け 鉄板折曲げ加工／ラスシート張 厚9／モルタル刷毛引 リシン吹付30／V型デッキプレート／笠上げ金物 [-100×50×25／200／1,100以上／300／30 9 100／20／30／50／50 10 30／50／溶接

（右図ラベル）
笠木鉄板折曲げ加工／鉄板加工／コーキング／水切鉄板／防水層立上り止アングル 65×65×8／コーキング／ラスモルタル／防水モルタル目地切ごて／押えシンダーコンクリート 厚50／ラスシート下地／アスファルト防水層／[-100×50×26×2.3／均しモルタル 厚15／モルタル刷毛引 リシン吹付／コーナープレート／[-100×50×26×3.2／V型デッキプレート／小梁／梁または桁／溶接／1,100以上／140／30 9 100／30／50／50／50 15 30

陸屋根軒先

金属笠木

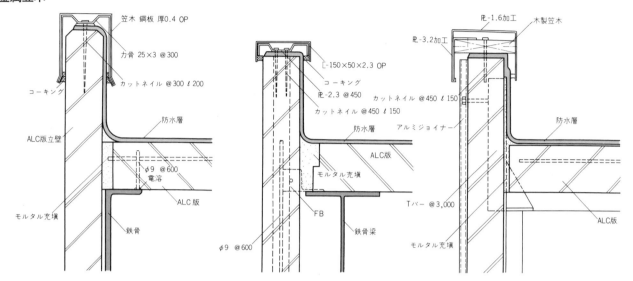

金属けらば　　木製けらば　　防水現しけらば

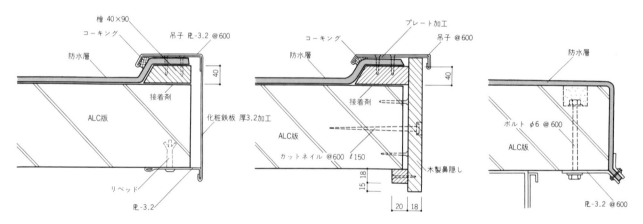

屋上手摺

屋上手摺

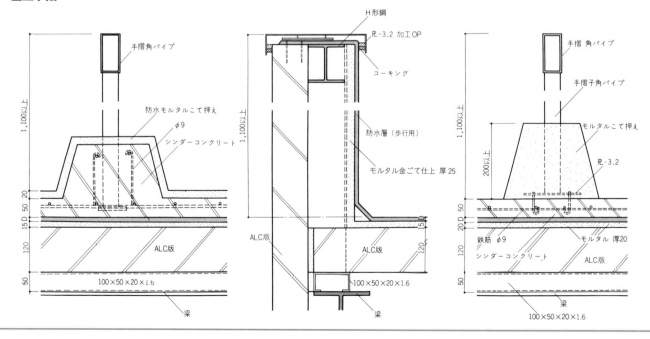

屋 根

陸屋根軒先

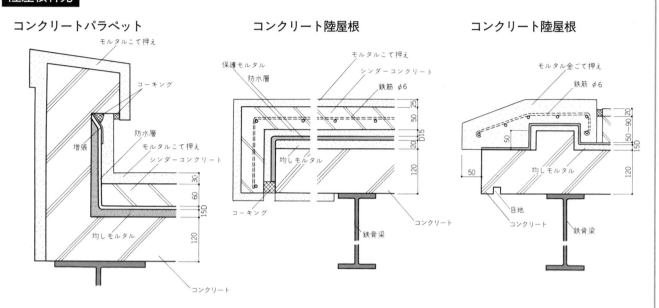

コンクリートパラペット　　コンクリート陸屋根　　コンクリート陸屋根

軒 樋 / 内 樋

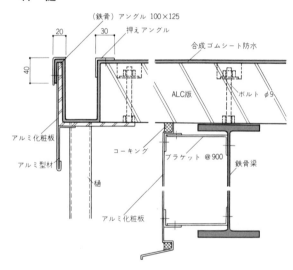
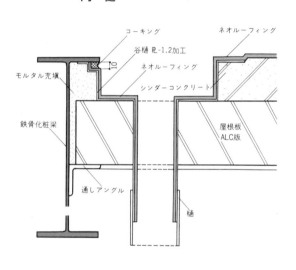

トップライト

アクリルドーム　　アクリルドーム二重　　アクリルドーム

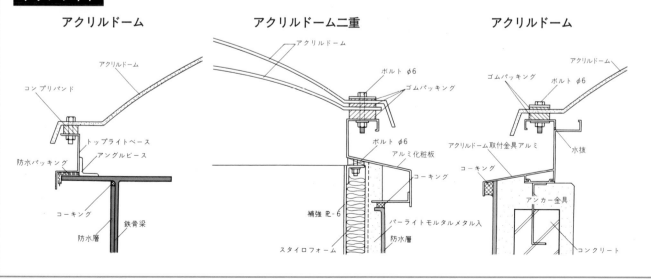

屋根

アスファルト防水層

一般的な歩行用アスファルト防水層例

層別	材料名	量/m²	工法
1層	アスファルトプライマー	0.3ℓ	はけ塗り
2層	アスファルトコンパウンド	1.5kg	はけ塗りの上, 流し張り
3層	アスファルトフェルト(30kg)	—	敷き込み
4層	アスファルトコンパウンド	1.0kg	はけ塗り
5層	網状ルーフィング	—	(種々の張り方あり)
6層	アスファルトコンパウンド	2.0kg	仮張りし, 上から塗り込み, 網目を通して十分下層に密着させ, さらにはけ塗り
7層	アスファルトルーフィング	—	
8層	アスファルトコンパウンド	2.1kg	はけ塗り1回, モップ塗り1回 (ただし, はけ塗り3回に代えても良い)

一般的な非歩行用アスファルト防水層例

層別	材料名	量/m²	工法
1層	アスファルトプライマー	0.3ℓ	はけ塗り
2層	アスファルトコンパウンド	1.5kg	はけ塗りの上, 流し張り
3層	アスファルトフェルト	—	敷き込み
4層	アスファルトコンパウンド	1.5kg	はけ塗りの上, 流し張り
5層	特殊ルーフィング	—	張り
6層	アスファルトコンパウンド	1.5kg	はけ塗りの上, 流し張り
7層	砂付ルーフィング(40kg)	—	張り
8層	アルミペースト吹付け	2回	アルミペースト2.3kg, 溶剤5galにて

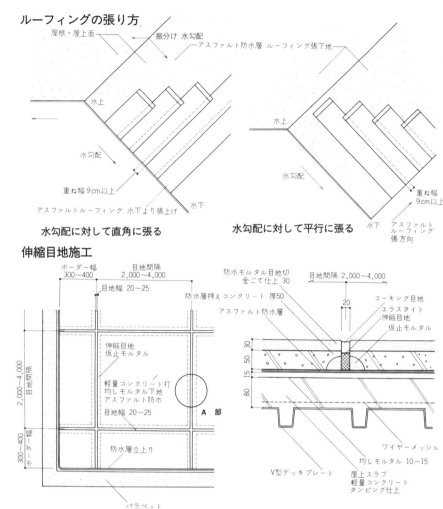

ルーフィングの張り方 / 水勾配に対して直角に張る / 水勾配に対して平行に張る

伸縮目地施工 / 平面 / A部詳細

鉄骨造の屋上ディテールとして, 歩行用, 非歩行用におけるスラブの納まりは階床のディテールに準じるが, 屋上スラブを主要構造材, 補助材などで, あらかじめ水勾配(片流れ水勾配, 振分け水勾配, 1/30～1/50～1/80)をとり, 屋上スラブを施工し, 防水を施すのが一般的である。

防水については今日種々の防水工法があるが, 一般に主流となっているアスファルト防水について述べる。

屋上スラブを現場打ちコンクリートスラブ, 軽量コンクリート充填デッキプレート床版などにする場合, 防水層を施工する下地として雨漏りの原因となる空隙や水溜りを生じないようにするため, コンクリート打ちの後, タンピング定規均し, 中むら取りなどを行い, さらに木ごて, 金ごてなどを用いて上部を平坦に仕上げる。均しモルタル塗りによって平坦に仕上げる方法もある。以上の下地準備の後, 適正に乾燥させ, アスファルト防水層を施工する。

アスファルト防水層についての一般工法(熱工法)は, 均しモルタルなどの上にアスファルトプライマーをはけ塗りして, その上にアスファルトコンパウンド(接着を良くするため)をはけ塗りした上にアスファルトフェルトを敷き, さらにアスファルトコンパウンド塗りの上にアスファルトルーフィング敷きを繰り返して6～8層の防水皮膜を作る工法である。防水層は下地に亀裂が生じると防水層自体の亀裂を招くおそれがある。そのために構造クラック, 伸縮クラックなどの影響を受けないよう, あらかじめ構造補強, 下地の補強を行う必要がある。特にコーナーやパラペット, 庇部などにはクラックが生じやすいので, 必ず防水層のための補強を忘れてはならない。また防水層の破断, 亀裂などの原因は下地のみならず, 保護層(押えコンクリート, 仕上材など)の伸縮, 破損などによって起きることも多いので, 伸縮目地を必要間隔に設け, 防水層を保護するように施工する。

ルーフィングの張り方

水勾配に対して直角または平行に張る方法があり, 重ね張りの場合は交互に張るのが常識とされている。

直角方向に張る場合は重ねの関係上, 水下から水上に張りあげていく。平行に張る場合は左右どちら側から張ってもよい。ルーフィングの継目は必ず位置をずらして張る。重ね幅は9cm以上とする。張り方の種類としては鎧(よろい)張り, クロス張り, 千鳥張りなどがある。

伸縮目地施工例

伸縮目地(目地材としては一般に施工容易なエラスタイト板が多用されている)は防水層から仕上塗りの高さまでで, 目地間隔の通り心に合わせ, モルタルなどで仮止めし, 軽量コンクリートなどを打ち, さらに仕上塗りを施し, 伸縮目地上部にアスファルトコンパウンドなどでコーキングを施工する。

目地の割付けは縦横とも2～4m以内の間隔で目地割りし, パラペット, ペントハウスなどの立上がり壁の周辺には必ずボーダー目地を入れる。目地幅は一般に20～25mmとしている。ボーダー幅は300～400mmとする。

階 段

階段は，高低差のある床面を歩行で昇降する変形床で，建物の立体運行機関の原形である。

階段は，踏面，蹴上げ，ノンスリップ，手摺（笠木と手摺子）からなり，その主要構成をなす桁と段板の素材は，木製，鋼材，鉄筋コンクリート製，既製コンクリート版が一般に使用される。

勾配角度から区分して，0°〜15°ぐらいまでがスロープ，15°〜60°ぐらいまでが階段，それ以上90°までが梯子段となる。建築基準法では，スロープは勾配1/8以下とされ，階段については，踏面，蹴上げ，階段の幅，踊場の位置などの寸法関係が建物の用途別に規定され，住宅の蹴上げ23 cm以下，踏面15 cm以上の階段が法規上許可されている限界である。階段として通用する限界勾配は20°〜50°ぐらいで，快適な勾配は30°〜35°ぐらいとされ，単なる緩勾配が昇降に安全で快適とは限らず，逆に昇降リズムをくるわせる。また，階段設計のポイントは，常に上部空間との取合いに注意して，頭上障害のないように立体確認が基本である。特に，らせん階段の割付けでは，この点が急所である。

階段を区分すると，半面パターンからは直進階段，折れ階段，屈折階段，回り階段，らせん階段が基本形とされ，架構形態からは側桁階段，力桁階段，片持ち階段，吊り階段，段板階段と以上の組合せがあり，また位置によって屋内階段と屋外階段に分けられ，建築法規では直通階段，避難階段，特別避難階段などが規定されている。

階段の架構形態

階段の架構形態とは，段板の支持方法を示し，木造，コンクリート造，鉄骨造の各階段に基本的に共通した原理である。

側桁階段

段板の両側を側桁で固定する方法で，木造と鉄骨造の階段には最も一般的な架構であり，側桁は「壁付き」と「あらわし」とがあり，前者は壁仕上げ面との納め方のデザインとディテールに工夫を要する。側桁材として，折曲げ鋼板，鋼板と山形鋼の組合せ，溝形鋼などが最も多く使用される。段板は，折曲げ加工鋼板を下地として各種仕上げを行うのがふつうであり，鋼板のみの段板は昇降時に音が響くので屋内階段には避けるべきである。側桁階段は，その架構形態上，あまり幅の広い階段には不向きで，その場合，段下に適当な間隔に補強材として中桁を入れて支持させる。

力桁階段

力桁階段は，段板を下側から登り桁状に入れた力桁によって支持する構成で，木造，鉄筋コンクリート造，鉄骨造の階段に共通した方法である。桁材としては，I形鋼，溝形鋼，H形鋼，平鉄板，山形鋼，パイプ，トラス桁などがあげられる。段板の仕様は多く，素材としても木製，PCコンクリート版，鋼板と広範囲にわたり，仕上げもデザインと使用性によって数多い。木製またはPCコンクリート版を段板とするとき，斜め状の桁に水平面の段板が直接取り付かないので，受材としてベントプレートなどを桁に溶接し，それに段板をボルト締めで固定する方法が，一般に多く採用される。この場合，ボルト頭のナット部分は段板を座掘りして埋め込み，取付け後，PCコンクリート版はモルタル充填，木製は埋め木により踏面を平坦とする。また，手摺も段板に支持させる場合が多いので，段板はこれらの仕様に耐えうる堅牢性が必要である。力桁階段は側桁階段のように段板の両側が固定されないので，段板取付けディテールにはその安定性と固定性に工夫し，一本桁の場合は階段全体の揺れにも気を配るべきである。

力桁階段の特性として，桁の並列により階段幅が自由にできる点と，デザインの自在性・多様性があげられるが，比較的「あらわし」部分が多いので，切断や折曲げなどの加工箇所，溶接やボルト締めなどの取付け箇所には正確な施工精度と丁寧な仕上げが要求される。

片持ち階段

片持ち階段は，壁，柱などからキャンティレバー状に段板を持ち出した構成で，一端のみ固定され，他端に支えがないことから，軽快な視覚効果をもたらす。壁面からの片持ち階段は，段板を取り付けるキャンティレバー状の成型鋼板と，壁体内に用意された受材とを溶接かボルト締めなどで固定させるのが一般的である。段板と壁仕上げ面との取合いディテールが工夫を要する部分となる。典型的な片持ち階段は，柱を中心に段板を持出しにして，「らせん」状に昇降する「らせん階段」である。「らせん階段」は昇降空間が最小の階段であり，円の等分割付数（径1.8 mで12〜16等分ぐらいが標準）に応じて蹴上げ寸法を決め踏面寸法は踏面の狭いほうの端から30 cmの位置で算出する。この階段の設計は常に立体計算と並行してすすめるのがこつである。「らせん階段」の変形として，中心柱より段板を持ち出さず，円筒型をなす階段外周壁から中心部に段板を持ち出した型もある。なお，組立て式「らせん階段」ユニット製品が，各メーカーで製造されている。

段板階段

段板階段は，連続する段板のみで構成された階段で，鉄筋コンクリート階段では一般的な構造であるが，鉄骨造の場合は木造と同様に，段板自体の独立性がこの構造には不向きで，主要メンバーを桁に求める構成が自然とされる。したがって，小規模のものに限定され，その形式として，鋼板を連続段状に折り曲げたもの，形鋼部材で連続段状にフレームを組み立てて段板を取り付けたものなどが見られるが，後者の仕様で段板としてガラスなどをはめ込むとファッショナブルな階段となる。

吊り階段

吊り階段は，段板や桁を鉄筋，各種パイプ，フラットバーなどで，吊った構成で，片持ち階段や段板階段と併用しても使用される。

そのほか，手摺を側桁代わりに構造要素に利用したもの，笠木を構造体として段板を吊る手法など階段構成の形態は数多いが，視覚デザインのみにとらわれず，振止め対策など，階段全体の剛性と安定性が優先する。

段板仕上材は，使用上の各条件やデザイン面から使い分けられる。原則として，滑りにくく，適度の軟性をもち，摩耗が少なく耐久性に富み，歩行時に騒音を発しないことなどが考えられるが，現実にこれらの条件をすべて満足することは困難で，いずれに重点を絞るかによって選定される。

手摺・ノンスリップ

手摺は，転落防止，昇降時の安全歩行の助勢などを目的とし，そのデザイン形態は多種多様であるが，基本形としては笠木と手摺子の組合せからなる。手摺子は段板や桁に支持させる方法がふつうで，十分に固定しないと手摺全体が振れる結果となるので，取付けディテールには工夫を要する。手摺はその機能上，単なる感覚によらず，堅牢，所定の高さ，手摺子の間隔などの安全性が第一条件である。

ノンスリップは，滑り止め，踏面と蹴上げの仕上げ見切りの役目をなし，取付け用製品としては，各種金属製，接着用プラスチック製，クリンカーや磁器のタイル製や，それらの組合せがある。また，取付けでなく，段板端部を仕上げ加工する場合もある。いずれにしても，昇降時に最も力のかかる部分であるから，堅牢な納め方と入念な施工が望まれる。

階段の形状

側桁階段

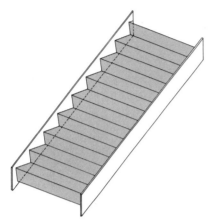

力桁階段（2本桁）

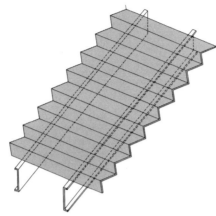

力桁階段（1本桁）

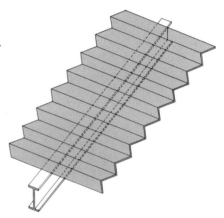

片持ち階段

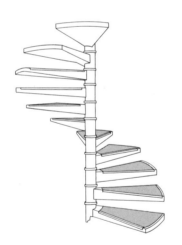

吊り階段

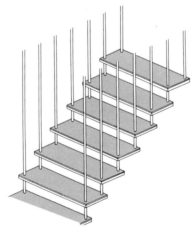

段板階段

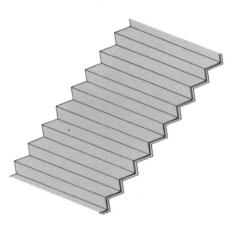

鉄骨階段は，工場製作され，現場に搬入して躯体に取り付けるという工程を経るので，現場修正のないよう，事前に図面検討を入念に行うべきである。

階段の構造的区分は，①側桁階段，②力桁階段，③片持ち階段，④吊り階段，⑤段板階段である。

① 側桁階段／段板を両側の側桁で固定して，これを支える大梁，小梁に取り付けて階段となる。側桁の材料と形式は，梁としてのそれと変わりなく，溝形鋼，鉄板（プレート）が用いられる。

② 力桁階段／側桁形式と力学的には同様の働きで，段板の下に桁があるものを一般に力桁という。力桁の材料と形式は側桁よりは自由で，溝形鋼，H形鋼，他に組立て形式のトラス，パイプ構成のものとさまざまある。

③ 片持ち階段／鉄骨造で最も一般的なものは，中心柱のあるらせん階段で，この中柱から片持ち梁を段板なりに持ち出して段板を取り付ける。壁からの片持ち形式は鉄骨造の場合，片持ち梁の応力を処理できる受材をあらかじめ壁のなかに取り付けておくことが必要である。鉄筋コンクリート造の場合は壁のなかに補強筋を挿入する。片持ち形式の材料と形式は，納まりの関係から溝形鋼，H形鋼，パイプ，プレートなどである。

④ 吊り階段／直接段板を吊る形式（上図），桁（側桁等）を吊るもの，片持ち階段の段板固定の補助として吊る場合などの各種がある。吊り階段は振止めを考慮する必要があり，材料としては鉄筋，パイプ，その他フラットバーなどで，引張材は鋼材の特性である。

⑤ 段板階段／鉄骨造の場合，特殊な部類に入り，構成上，概して小規模である。これは段板自身が構造的に自立する必要性から当然で，一般に，桁に段板の支持力を持たせる方法がとられる。

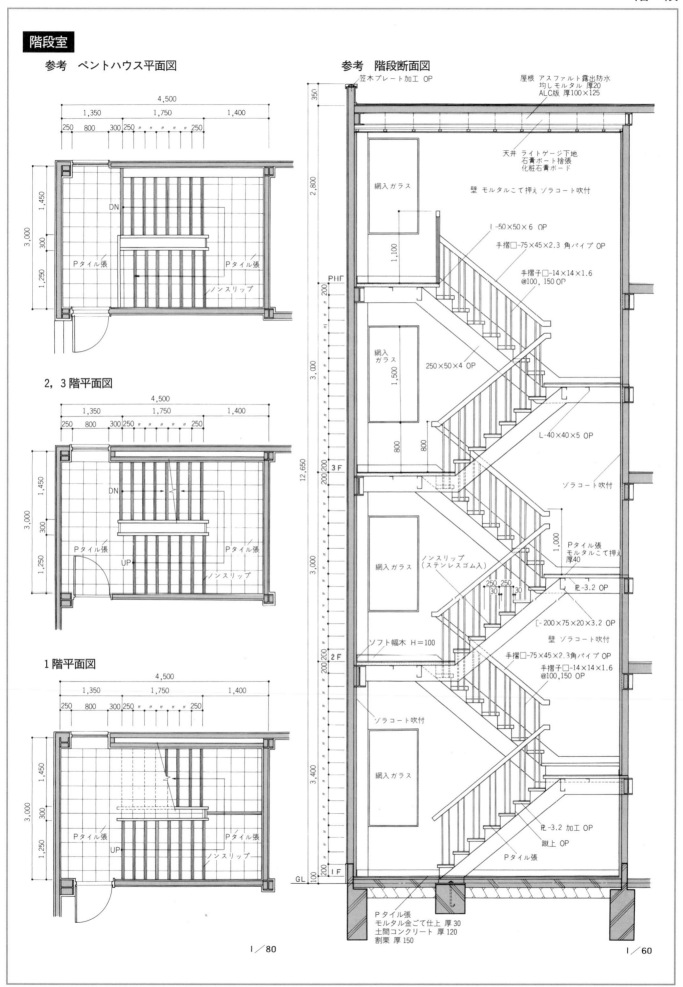

階段詳細

(a) 鉄骨屋外階段例

(b) 図(a)の階段に直仕上げを施工した例

上階側桁納まり例(キャンティレバーの梁に載せる)

(c) 踏面モルタル塗り仕上げ例

(d) 図(c)の蹴上げなし例

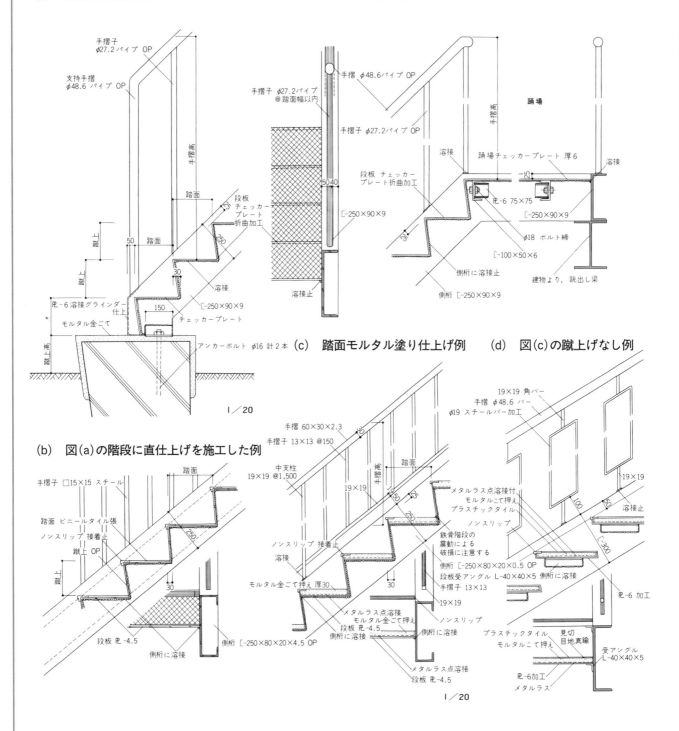

階段は，踏面，蹴上げ，ノンスリップ，幅木，手摺などの要素からなり，その仕上げはそれらの機能を満足し階段全体のデザインをくずさない考慮を要するが，鉄骨階段の場合は，昇降時の音や振動性にも十分注意すべきである。最近は鉄骨造のプレファブ性を生かし，工程の短縮，現場作業の減少をはかるべく工場で製作加工して現場搬入する場合が多いので，折曲げ加工や溶接加工の精度，寸法関係などを搬入前に点検すべきである。

屋外，屋内階段を問わず，階段手摺の笠木や手摺子に，鋼材，黄銅，青銅，ステンレス鋼，アルミニウム合金などの金属材料が多用されている。また，棒やパイプ類を使用した比較的単純なものから，特殊な形やデザインに鋳造したもの，高級材料や高級めっき処理を施したものまでその材質は幅広くなった。

いずれの場合も，笠木上端の摩耗がはなはだしく，笠木にめっき，塗装を施すものには，その剝離を考えて仕上げを選択，決定しなければならない。屋外階段は耐食性，防水性に注意し，また熱膨張によるトラブルも多いので，耐久性，保安性，強度，剛性をデザインや取付け工法に十分に加味して考えるべきである。

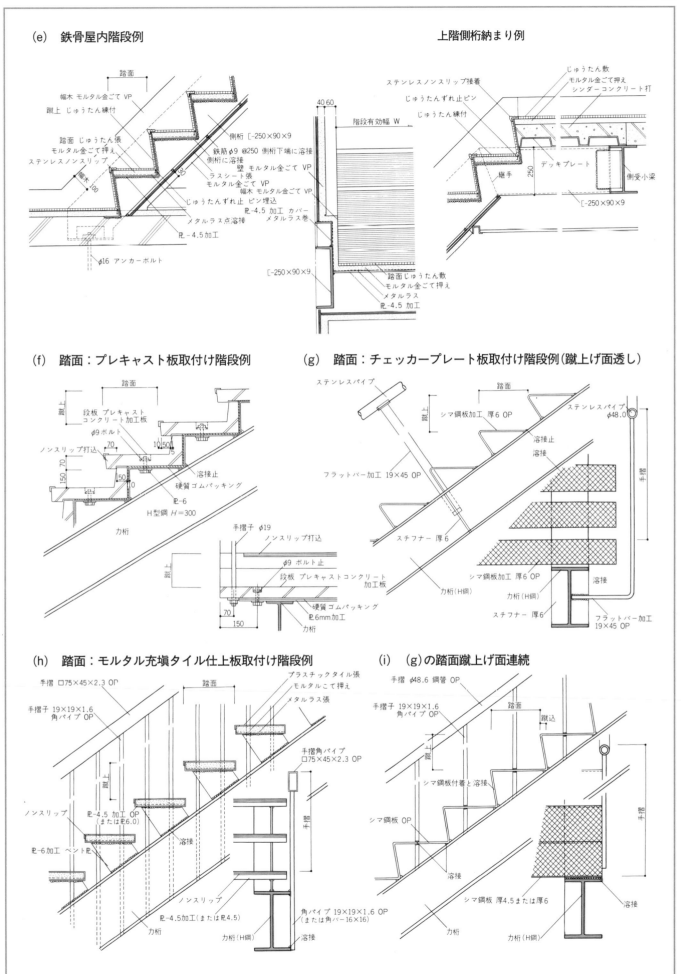

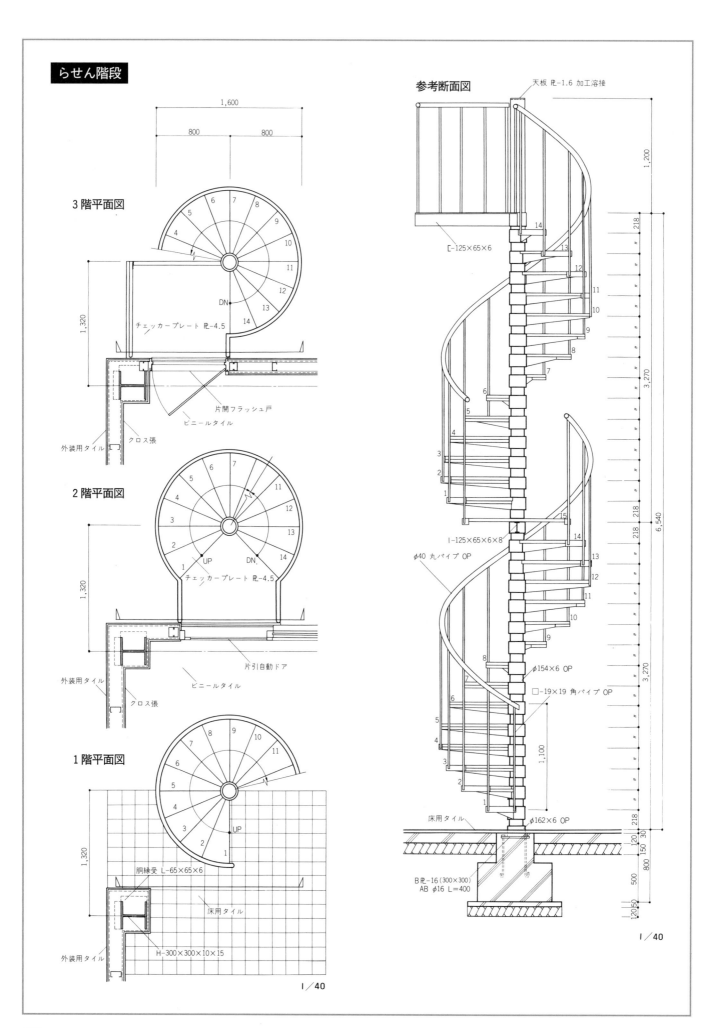

階段

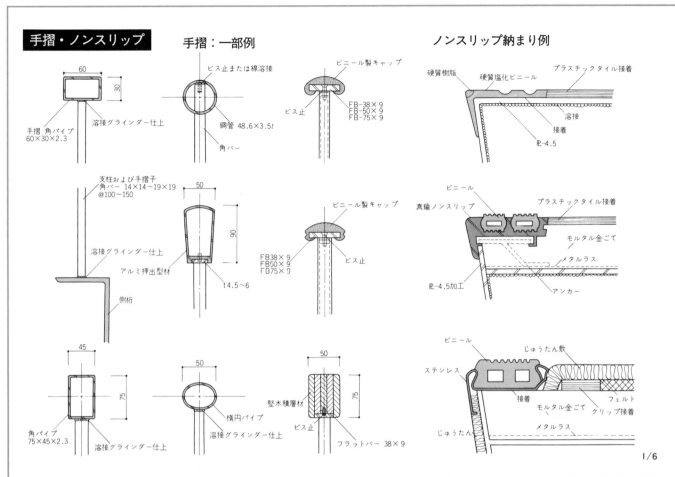

	階段の種類別	階段・踊場の幅 (cm)	蹴上 (cm)	踏面 (cm)	踊場位置 (m)		階段の種類別	階段・踊場の幅 (cm)	蹴上 (cm)	踏面 (cm)	踊場位置 (m)
（建築基準法施行令第23条）蹴上げ・踏面の関係	（一）小学校における児童用	140以上	16以下	26以上	3m以内ごと	（三）	・直上階の居室床面積合計が200m²を超える地上階 ・居室床面積合計が100m²を超える地階・地下工作物内におけるもの	120以上	20以下	24以上	4m以内ごと
	（二）・中・高等学校の生徒用・物品販売業（物品加工修理業を含む）の店舗床面積>1,500m² ・劇場・映画館・演芸場・観覧場・公会堂・集会場における客用のもの	140以上	18以下	26以上		（四）	（一）～（三）以外の階段	75以上	22以下	21以上	
						（五）	住宅	75以上	23以下	15以上	

回り階段の踏面寸法＝踏面の狭いほうの端から30cmの位置において測る

	建築物の構造 居室の種類	(A)主要構造部が準耐火構造または不燃焼材料で造られている場合		(B)：(A)欄以外の場合
		(a)：(b)欄以外の場合	(b)：当該居室および避難経路を準不燃材料で内装したもの	
居室から直通階段までの歩行距離（建築基準法施行令第120条）	（一）・開口部の有効採光面積が当該居室の床面積の1/20未満の居室 ・百貨店・マーケット・展示場・キャバレー・カフェー・ナイトクラブ・バー・舞踏場・遊技場・その他これに類するもので政令に定めるものの用途に供する居室	30m以下	30m+10m=40m以下	30m以下
	（二）・病院・診療所（患者の収容施設があるもの）・ホテル・旅館・下宿・共用住宅・寄宿舎・養老院・その他これらに類するもので政令に定めるものの用途に供する居室	50m以下	50m+10m=60m以下	30m以下
	（三）（一）（二）または（四）以外の居室	50m以下	50m+10m=60m以下	40m以下
	（四）15階以上の階の居室	（一）の場合 30m－10m=20m以下 （二）（三）の場合 50m－10m=40m以下	30m以下 50m以下	
	（五）1住戸が2～3階のメゾネット式共同住宅（主要構造部が準耐火構造であるものに限る）	各住戸の出入口のない階の居室の一番奥から直通階段までの歩行距離は40m以下		

耐火被覆

最近の都市の過密化傾向にともない、建築物もマンモス化、高層化、集合化、多様化の様相をたどり、一度火災が発生するとその被害規模も増大するばかりである。火災対策は、都市防災計画をベースとして、密集する個々の建物の防火性を高める耐火設計の徹底にある。特に、市街地に建設の目立つ中小規模鉄骨造の防火性は、鋼材の非耐火性というハンディをもつだけに、万全を期するべきである。

建築基準法および同施行令では、都市と建築の防火規定を次のように区分している。
① 地域または規模による防火規定
② 特殊建築物に対する防火規定
③ 防火に関する構造規定
④ 耐火構造の区分
⑤ 防火材料に関する規定
⑥ 内装制限に関する規定

①は、防火上の地域別と建物規模（階数と床面積）による構造種別規定。②は、各種特殊建築物別と建物規模（用途に供する階と床面積の計）による構造種別規定。③は、耐火建築物、準耐火建築物の主要構造物別の構造規定。④は、建築物の階数別・各部位別に、耐火時間による構造区分。⑤は、材料を法定防火性能別に、不燃材料、準不燃材料、難燃材料と規定する。⑥は、建築物の用途別または構造別に、適用される条件をつけて、内装に使用してもよい許容材料を指定している。

防火に関する構造規定

建築物は、法規で定められた防火性能上、耐火建築物・準耐火建築物（「イ　準耐火構造建築物」「ロ　準耐火構造建築物」）・防火構造建築物、その他に区分される。

耐火建築物

通常の火災に対して十分に耐えうる構造のもので、都市防火の面からも大きな意義をもつ。したがって、前述の防火規定①と②により、耐火構造としなければ許可されない建築物が規定されている。耐火建築物とは、主要構造部を耐火構造とし、延焼のおそれのある部分の外部開口部に乙種防火戸か防火設備を設置したものである。

準耐火建築物

準耐火建築物の構造規定は2種類ある。

A　イ準耐火構造

主要構造部を準耐火構造としたもので、非損傷性等の加熱時間で1時間を充たすもの、通称「イ準耐―1」といわれるものと、加熱時間45分のもの、「イ準耐―2」とがある。前者は木造3階建ての共同住宅等に適用されるもので、一般的なものは後者である。

B　ロ準耐火構造

「ロ準耐―1」は外壁を耐火構造とし、屋根は延焼のおそれのある部分を不燃材でつくるかまたは葺いたもの、および準耐火構造としさらに延焼外部分を不燃材でつくるか葺いたもので、外部開口部のうち延焼のおそれがある部分に乙種防火戸などを設置したもの。つまり、「イ準耐火」と「ロ準耐火―1」とは、一般に木造建築物の準耐火規定と呼ばれるものである。

「ロ準耐―2」は非木造の準耐火規定といわれるもので、主要構造部のうち、柱、梁を不燃材料とし、かつ外壁の延焼部分を防火構造、3階以上のものは床を準耐火構造か不燃材でつくり、屋根は不燃材で葺き、その他の部分（野地板、垂木等）は準不燃材料以上の性能を有する材料でつくり、外部開口部については前規定と同じである。一般に、鉄骨造建築物の準耐火規定は、この「ロ準耐―2」が当てはまると考えてよい。

耐火構造

耐火構造は、一般に鉄筋コンクリート造、れんが造などの構造で、建物の部位別・階別に法規上規定された耐火性能をもつものである。この性能は階段を除き、通常の火災時の火熱に何時間耐えうるかという耐火時間を基準とし、最上階から数えた階数に応じ、部位別に3時間から30分までの耐火時間が定められている。

防火構造

防火構造は、建築物の外壁と軒裏のみに規定された構造である。平成12年に改正施行された建築基準法施行令では性能規定化により性能のみが規定され、従来の具体的な仕様は告示にまわった。なお、このほかに大臣の認定を受けたものも該当する。

防火区画

耐火建築物、準耐火建築物に対する防火区画の規定がなされている（建基令第112条）。

耐火被覆

一般に鋼材は、高温になると弾性係数と降伏点が急激に低下して応力度が弱化する。火災時、建物の架構鋼材が負担している応力に対し、力学的に対応不能となったとき、架構体は変形や座屈の現象を起こす。したがって、鋼材に規定の耐火性能をもたせるには、耐火被覆の処置が必要となる。耐火被覆は、耐火構造として指定されている。それらは、耐火時間と部位とによって区分されているが、詳細は平成12年8月30日建設省告示第1399号、改正(イ)平成16年9月29日国土交通省告示第1177号、(ロ)平成17年6月1日国土交通省告示569号に指定されている。耐火被覆材のなかで最もポピュラーに使用されていた石綿および石綿を含む吹付け材、板材等の使用が禁止されるに至り、今日、その撤去にさまざまな問題が発生している。現在、石綿に代わる耐火被覆材が提供されてきているが、使用目的、状況に応じた選択をなすべきである。メーカー製品を使用する場合、指定耐火構造の認定品であることの確認をしなければならない。

また、耐火被覆はコスト面に大きな影響を与え、規模の小さい建物ほど割高につくので、建築規模に応じた構造種別を選択し、コストの合理化をはかるべきである。

防火に関する材料規定

出火の燃焼を最小限にとどめるには、内装材と下地材の不燃性が大きな要素となる。出火直後の燃焼は、着火物の周辺だけにとどまるが、次第に範囲を拡大し、発生した可燃性ガスは天井面に滞留する。やがて天井材の引火とともに滞留ガスは大きな炎となって室全体にまん延して「フラッシュオーバー」現象が起きる。着火からこの時点までが初期消火と避難のチャンスとなる。法定防火認定材料は、次の3種に分けられている。

不燃材料

通常の火災による火熱（600℃以上）が加えられた場合に、燃焼せず、防火上有害な損傷を起こさず、避難上有害な煙、ガスを発生させない時間、20分の要件を満たす材料をいう。コンクリート、れんが、モルタルなど、一般に無機質の材料である。

準不燃材料

不燃材料に準ずる防火性能をもつ認定準不燃材料のことで、通常の火災において10分間、火熱（600℃以上）に対して有害な燃焼を起こさないものをいい、木毛セメント板（厚12mm以上）、石膏板（厚6mm以上）などがある。

難燃材料

難燃処理加工した認定難燃材料で内装材としてのみ認められており、通常の火災において、火熱開始後5分間の前記要件を満たす材料をいう。難燃合板、難燃繊維板、難燃FRP板など有機材が多く、厚さによって性能が異なるので注意を要する。準不燃材料とともに、包装などに表示マークを付けることが定められている。

耐火被覆

地域別の防火構造規定（建築基準法）

地域別	規模	構造種別	屋根 （法第22条，法第63条）		開口部 （法第64条）	備考
防火地域 （法第61条）	階数≧3 または延床面積>100㎡	耐火	● 耐火構造 ● 不燃材料でつくるか、または葺く	例外 ㋑	延焼のおそれのある部分に防火戸またはこれに代わる防火設備	㋐延床面積≦50㎡の平屋付属家で，外壁と軒裏とが防火構造のもの ㋑卸売市場の上家または機械工場で，主要構造が不燃材料でつくられたもの
	その他	耐火または準耐火		㋺		
準防火地域 （法第62条）	地上階数≧4 または延床面積>1,500㎡	耐火		㋺		
	地上階数＝3 または1,500㎡≧延床面積>500㎡	耐火または準耐火				
	木造建築物 延焼のおそれのある部分の外壁・軒裏	防火構造				
指定区域・その他の区域	木造建築物の規定なので省略する（法第22条，法第23条，法第24条，法第25条参照）					

特殊建築物の防火構造規定（建築基準法 建築基準法施行令）

	用途別	規模（階　数＝用途に供する階） （床面積＝用途に供する床面積合計）		構造種別
(1)	A　劇場，映画館，演芸場 B　観覧場，公会堂，集会場	階数	A　≧3 にある場合 B　主階が1階にない場合	耐火
		床面積	≧200㎡（客席） ≧1,000㎡（屋外観覧席）	
(2)	病院，診療所（病室のあるもの），ホテル，旅館，下宿，共同住宅，寄宿舎，養老院，児童福祉施設等	階数	≧3にある場合	耐火
		床面積	≧300㎡（2階部分について）	耐火または準耐火
(3)	学校，体育館，博物館，美術館，図書館，ボーリング場，スキー場，スケート場，水泳場，スポーツの練習場	階数	≧3にある場合	耐火
		床面積	≧2,000㎡	耐火または準耐火
(4)	百貨店，マーケット，展示場，キャバレー，カフェー，ナイトクラブ，バー，舞踏場，遊技場，公衆浴場，待合，料理店，飲食店，物品販売業の店舗（床面積≦10㎡を除く）	階数	≧3にある場合	耐火
		床面積	≧3,000㎡	
			≧500㎡（2階部分について）	耐火または準耐火
(5)	倉庫	階数	───	───
		床面積	≧200㎡（3階以上）	耐火
			≧1,500㎡	耐火または準耐火
(6)	自動車車庫，自動車修理工場，映画スタジオ，テレビスタジオ	階数	≧3にある場合	耐火
		床面積	≧150㎡	耐火または準耐火
(7)	危険物の貯蔵または処理場	法第27条2・2参照		

外壁耐火構造

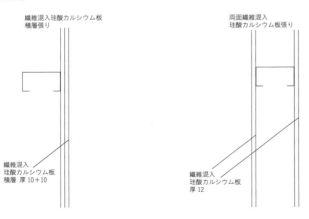
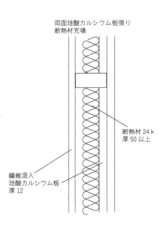

準耐火建築物・準耐火構造

種別	建築物の部分				通常火災に基づく加熱時間					
					非損傷性		遮熱性		屋外への遮炎性	
イ 準耐	壁	間仕切壁	耐力壁		1時間	45分間	1時間	45分間		
			非耐力壁							
		外壁	耐力壁		1時間	45分間			1時間	45分間
			非耐力壁	延焼部分						
				延焼外部分			30分間		30分間	
	柱				1時間	45分間				
	床				1時間	45分間	1時間	45分間		
	はり				1時間	45分間				
	屋根				30分間					
		軒裏（外壁で小屋裏等が遮られているものを除く）		延焼部分			1時間	45分間	30分間	
				延焼外部分			30分間			
	階段				30分間					

種別	建築物の部分			構造または使用材料等
ロ 準耐	ロー1	外壁		耐火構造
		屋根	延焼部分	不燃材料でつくるかまたは葺く。さらに耐火構造等とする。（▶H12建告1367）
			延焼外部分	不燃材料でつくるかまたは葺く。
	ロー2	柱		不燃材料でつくる。
		はり		不燃材料でつくる。
		壁	外壁 延焼部分	準不燃材料でつくる。さらに防火構造とする。
			外壁 延焼外部分	準不燃材料でつくる。
			間仕切壁	準不燃材料でつくる。
		床	3階以上の床	準不燃材料でつくる。さらに準耐火構造等とする。（▶H12建告1368）
			その他（最下階を除く）	準不燃材料でつくる。
		屋根		不燃材料で葺き，その他の部分（野地板，垂木等）は準不燃材料でつくる。
		階段		準不燃材料でつくる。

注：準耐火建築物には上記の構造のほか，外壁の開口部で延焼のおそれのある部分に防火設備（大臣の定める構造方法のものまたは大臣の認定を受けたもの）が必要である。（▶H12建告1368）

耐火構造の耐火時間規定（建築基準法施行令第107条）

建築物の階数	建築物の部分	壁		柱	床	梁	屋根	階段
		間仕切壁（耐力壁）	外壁（耐力壁）					
最上階から数えて0〜4までの階		1時間	1時間	1時間	1時間	1時間	30分	30分
最上階から数えて5〜14までの階		2時間	2時間	2時間	2時間	2時間		
最上階から数えて15以上の階		2時間	2時間	3時間	2時間	3時間		

備考：
- (1) 階数にして算入しない屋上部分がある建築物の部分の最上階は，その屋上部分の直下階とする
- (2) (1)の屋上部分の耐火時間と同一の時間とする
- (3) 地階の部分の階数は，すべて算入する

耐火構造の指定：H12告示第1399号

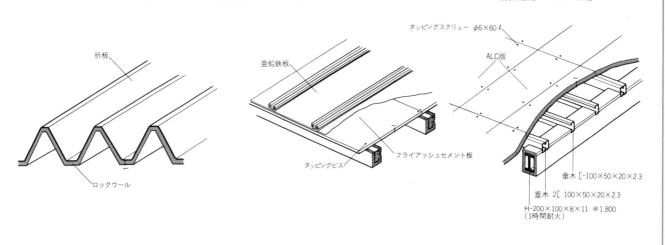

屋　根：吹付けロックウール（個別認定）　　屋　根：野地板フライアッシュセメント（個別認定）亜鉛鉄板瓦棒葺き屋根　　屋　根：ALC版（個別認定）

耐火性能　t=10　30分　　耐火性能　t=15　30分　　耐火性能　t=50　30分

耐火被覆

柱・吹付ロックウール(個別認定)

- 1時間耐火　$t=25mm$
- 2時間耐火　$t=45mm$
- 3時間耐火　$t=65mm$

柱：繊維混入珪酸カルシウム板(個別認定)

- 1時間耐火　$t=20mm$
- 2時間耐火　$t=35mm$
- 3時間耐火　$t=55mm$

柱：鉄網ひる石モルタル(個別認定)

- 1時間耐火　$t=25mm$
- 2時間耐火　$t=45mm$
- 3時間耐火　$t=55mm$

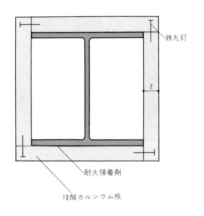
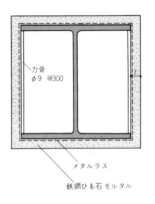

柱：ALC版(個別認定)

- 1時間耐火　$t=50mm$
- 2時間耐火　$t=50mm$

柱：軽量気泡コンクリート版(個別認定)

- 1時間耐火　$t=50mm$
- 2時間耐火　$t=60mm$
- 3時間耐火　$t=80mm$

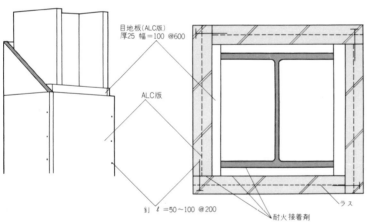
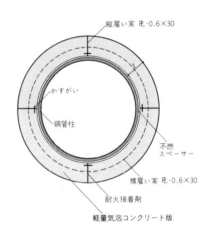

梁：鉄網モルタル(告示指定)

- 1時間耐火　$t=40mm$
- 2時間耐火　$t=60mm$
- 3時間耐火　$t=80mm$

梁：吹付ロックウール(個別認定)

- 1時間耐火　$t=25mm$
- 2時間耐火　$t=45mm$
- 3時間耐火　$t=60mm$

梁：軽量石膏成型板(個別指定)

- 1時間耐火　$t=30mm$
- 2時間耐火　$t=50mm$
- 3時間耐火　$t=65mm$

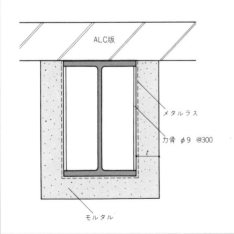
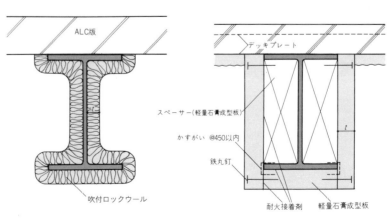

梁：強化石膏ボード（個別認定）

1時間耐火　$t=21mm$
2時間耐火　$t=21mm+15mm$

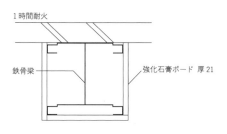

梁：ALC版（個別認定）

1時間耐火　$t=50mm$
2時間耐火　$t=50mm$

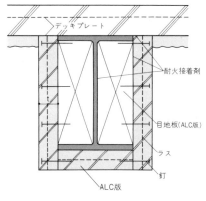

梁：鉄網ひる石プラスター（個別認定）

1時間耐火　$t=25mm$
2時間耐火　$t=35mm$
3時間耐火　$t=50mm$

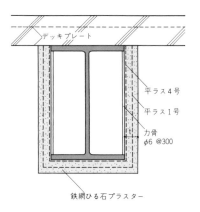

床：鉄網モルタル（告示指定）

1時間耐火　$t=40mm$
2時間耐火　$t=50mm$

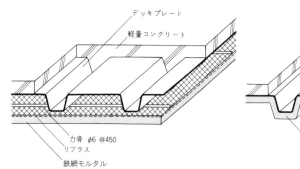

床：吹付ロックウール（個別認定）

1時間耐火　$t=15mm$
2時間耐火　$t=20mm$

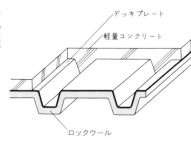

床：鉄筋入デッキプレート床（個別認定）

2時間耐火

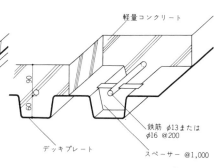

間仕切壁：鉄網モルタル（告示指定）

1時間耐火　$t=30mm$
2時間耐火　$t=40mm$

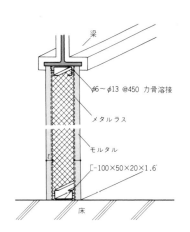

間仕切壁：強化石膏ボード両面張り（個別認定）

45分耐火　$t=9.5+9.5mm$
1時間耐火　$t=12.5+9.5mm$

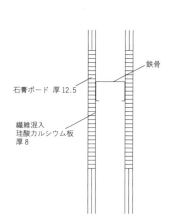

外壁（非耐）：両面石綿スレート張石膏ボード（通則指定）

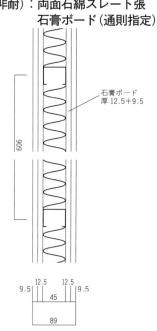

耐火被覆

特殊建築物等の内装制限

		構造・規模・内装	構造・規模			内装箇所 (壁・天井)	許容材料	参照条項
		用途	耐火建築物	準耐火建築物	その他			
特殊建築物の内装制限 (建築基準法第35条の二・同施行令第128条の三の二・同施行令第129条)	(1)	劇場, 映画館, 演芸場, 観覧場, 公会堂, 集会場	客席の床面積 ≧ 400 m²	客席の床面積 ≧ 100 m²		居室	難燃	令第128条の4・1 令第129条1
						通路・階段等	準不燃	
	(2)	病院・診療所(病室のあるもの), ホテル, 旅館, 下宿, 共同住宅, 寄宿舎, 養老院, 児童福祉施設等	3階以上の部分の床面積 ≧ 300 m²	2階部分の床面積 ≧ 300 m²	≧ 200 m²	居室	難燃	令第128条の4・1 令第129条1
						通路・階段等	準不燃	
	(3)	百貨店・マーケット・展示場, キャバレー, カフェー, ナイトクラブ, バー, 舞踏場, 遊技場, 公衆浴場, 待合, 料理店, 飲食店, 物品販売業の店舗(> 10 m²)	3階以上の部分の床面積 ≧ 1,000 m²	2階部分の床面積 ≧ 500 m²		居室	難燃	
						通路・階段等	準不燃	
	(4)	自動車車庫, 自動車修理工場	全部			その用途部分および通路・階段等	準不燃	令第128条の4・1・2 令第129条2
	(5)	地階で(1)(2)(3)の用途に供するもの	全部			(1)(2)(3)の居室および通路・階段等	準不燃	令第128条の4・1・3 令第129条3
	(6)	大規模建築物 (学校, 体育館, 高さ31m以下の(2)の用途に供する部分を除く)	階数 ≧ 3 で延床面積 > 500 m² 階数 = 2 で延床面積 > 1,000 m² 階数 = 1 で延床面積 > 3,000 m²			居室	難燃	令第128条の4・2,3 令第129条4
						通路・階段等	準不燃	
	(7)	住宅および併用住宅の調理室・浴室	適用されない	階数 ≧ 2 の建築物の最上階以外の階		火気を使用する室	準不燃	令第128条の4・4 令第129条6
	(8)	ボイラー室など	全部					
	(9)	無窓の居室	床面積 > 50 m²			居室・通路・階段等	準不燃	令第128条の3の2 令第129条5
	(10)	法第28条1項ただし書の居室	全部					

その他の規定で内装制限のあるもの

	対象部分	内装制限をすることにより緩和される事項	天井・壁の内装制限		参照条項
			下地	仕上	
(1)	準耐火建築物の区画	体育館・工場・階段室の区画の免除	—	準不燃	▶令第112条4
	11階以上の100 m²の区画	200 m²の区画に緩和	準不燃*	準不燃*	▶令第112条6
		500 m²の区画に緩和	不燃	不燃	▶令第112条7
	吹抜き等の区画(竪穴)	避難階の直上階または直下階のみに通じる部分の区画免除	不燃	不燃	▶令第112条9
(2)	直通階段への歩行距離制限	主要構造部が準耐火構造または不燃材料の建築物について10 m延長(15階以上の居室を除く)	—	準不燃	▶令第120条2
(3)	避難・特別避難階段の階段室・階段室の付室・非常用エレベーターの乗降ロビー	緩和なし	不燃	不燃	▶令第123条 ▶令第129条13の3
(4)	排煙設備の必要な部分	高さ≦31 mの建築物の排煙設備	防火区画された室の排煙免除	—	準不燃	▶令第126条3 ▶H 12 建告 1436
			100 m²以下の居室の排煙免除	不燃	準不燃	
			100 m²以内に防火区画された居室の排煙免除	—	準不燃	
		高さ>31 mの建築物の排煙設備	100 m²以下に防火区画された質・居室の排煙免除	—	準不燃	
(5)	地下街	地下道	緩和なし	不燃	不燃	▶令第128条3
		各構えの100 m²区画	(1)の11階以上の部分と同じ扱い			

*床面から1.2 m以下の部分は適用されない。

内装制限に関する規定

内装制限は, 建物の用途と規模に応じて, その内装の許容材料を不燃材料, 準不燃材料, 難燃材料に制限し, 室内の防火性能を強化することによって火災に対する事故防止を目的としている。さらに, 下地工法も石膏ボードや金属下地製品など工場で製作された規格品の普及により, 仕上材の防火性を助長している。なお, 内装制限の規定には, スプリンクラー設備, 水噴霧消火設備, 泡消火設備その他これらに類するもので, 自動式の設備を設けた部分については緩和される。

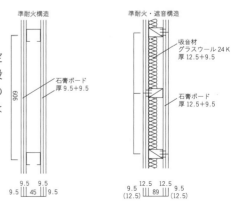

雑詳細

雑詳細として，エレベーターまわり，エキスパンションジョイント，ドレインまわり，点検口，避難口，タラップなどについて記載する。

エレベーターまわり

建物の高層化につれて，ビルの縦ルートをになう交通機関として，エレベーターは建物の動脈的存在となった。

エレベーターの基本計画は，建物の用途，階数，収容人員，利用時間，利用集中率などを総合的に検討して，配置，台数，かごの定員，速度，が選定される。配置は，どの出入口とも直結した，わかりやすい位置に集中するのがポイントで，直線配置，アルコーブ配置，対面配置など各タイプがある。台数は，ビルの収容人員に対するエレベーターの輸送能力の割合を基準に決定されるが，概算として収容人員200〜300人に1台である。かごの定員は，ラッシュ時を見込んで大きめに計画し，かごの寸法は，奥行にくらべて間口の広いものが乗降りに便利である。速度は，一般に最端階の間を直通で運転するのに必要な時間を30秒以内にする定格速度を選択する。エレベーターは，動力別に電力と油圧力に区分され，用途別には乗用，貨物用，人荷共用，寝台用，自動車用の各種となる。また，荷物，配膳などの上下運搬専用にダムウェーター（リフト）がある。

エレベーターは，ロープ式と油圧式によって異なるが，相当の荷重負担を建物にかけるので，構造的チェックを必要とする。

天井脱落防止対策と同時に，エレベーター等の脱落防止対策に関する建築基準法施行令第129条の4に一部改正がなされている。その技術基準については昇降路内でのエレベーターのかご釣合い重りの支持部分に対する強度保持の計算基準，構造方法などが国土交通省告示第1417号，第1418号として出されている。

昇降路が鉄骨構造の場合の注意事項

① 鉄骨構造の場合，昇降路間口寸法は鉄筋コンクリート造より5〜10 cm大きくなる。
② 鉄骨を耐火被覆するため，ガイドレール，出入口まわりの部品を取り付けるためのファスナー（厚12）が必要である。
③ ガイドレール取付け用ファスナーのピッチは2.8 m以下になるように計画する。
④ 昇降路寸法が特別に大きい場合は，中間ビームが必要となる（耐火被覆面よりかご外面までの寸法が50 cm以上の場合）。
⑤ エレベーター設置可能な最小階高は，速度45，60 m/分で2.5 m，90，105 m/分で2.6 m以上とする。

設計計画における法規上の注意事項

昇降路関係

① ピットの深さ，頂部の隙間は，法規どおり確保する。
② 直接エレベーターの運行に関係のない配管や配線の禁止。
③ 昇降路頂部に煙感知器の設置義務。
④ 昇降路の壁または囲いは，不燃材料でつくるか被覆し，平滑な壁面とする。
⑤ ピットには必ずコンセントを設ける。
⑥ ピットには防水工事を施す。

機械室関係

① 床面積は，昇降路の水平投影面積の2倍以上とする（油圧式は別）。
② 有効天井高（または梁下端）は，定格速度に応じた規定寸法以上とする。
③ エレベーターの機器発熱量に見合った強制換気設備と採光用窓を設置する。
④ 延焼のおそれのある部分に面する窓は，乙種防火戸とする。
⑤ 機械室出入口戸は錠付き鋼製とし，W 70 cm×H 1.8 m以上とする。
⑥ エレベーターに関係のない機器や配管のないようにする。
⑦ エレベーター専用機械室とし，通り抜け通路などに併用しない。
⑧ 電源アース線，連絡用線の引込みをする。
⑨ 機械室に通ずる階段は蹴上げ23 cm以下，踏面15 cm以上とし，手摺を設ける。
⑩ 機械室に通じる通路は一般用の階段から直接通じるものとし，やむを得ず屋上などを経由する場合には，水平な通路の確保と落下防止の手摺を計画する。

高さ31 mを超える建築物は，非常用エレベーターの設置義務がある。

油圧式エレベーターは，操作方式によって，直接式（ダイレクト式），間接式（インダイレクト式）の2種類がある。その特徴をあげると，

ⓐ 油圧式エレベーターは，油圧管でパワーを伝達するので，建物自体に荷重負担をかけず，軽量鉄骨造ビル向きである。
ⓑ ロープ式エレベーターと異なり，昇降路頂部に機械室を必要としないため，高さ制限の点で有利であり，ペントハウスの節約にもなる。

エキスパンションジョイント

エキスパンションジョイントとは，
① 長さの長い建物に温度変化によって生じる構造体の膨張・収縮の対策として。
② 増築継手を用意されていない建物の増築の場合。
③ 異なる構造体の建物を接続させる場合。地震や地盤沈下などによる有害な影響を相互に及ぼし合わないように，構造体を完全に分離して接続した接続部分である。鉄骨造（柔構造）と鉄筋コンクリート造（剛構造）では，エキスパンションジョイントの目的は同じであるが，性質上に違いが生じる。鉄骨造は鉄筋コンクリート造と比較して，水平荷重時（地震や風圧による）における変位が一般に大きく，鉛直荷重時（長期の荷重時）にあっても，微小な伸縮や振動が相互の建物間では相違するし，温度による影響も考えられる。以上の原因により，鉄骨造のエキスパンションジョイントのクリアランスは，構造力学的に算出された変位量に若干の余裕を加算して決定すべきである。

ジョイントディテールは，各部位により種々の納め方があるが，特に注意すべき箇所は，雨漏りの原因となりやすい屋根や外壁など，外まわりのジョイントである。防水を必要とするディテールは，防水層の増張りや巻込み部分の仕様，コーキング材やカバープレートといった使用材料の選択など細部にわたる検討を行い，あとで腐食や破損による漏水を起こさないよう完璧なディテールの設計が肝要である。建築用シーリング材には，油性コーキング材，弾性シーリング材，その他とあるが，一般にコーキング材と呼ばれているものは油性を指し，サッシュまわり，亀裂補修などに使用されている。油性コーキングは弾性材に比較して安価であるが，長期の耐久性に乏しく，高温に弱く，衝撃にもろく，ジョイントムーブメントが大きいものには不向きである。弾性シーリング材は弾性シーラントとも呼ばれ，ポリサルファイド系，シリコン系，ポリウレタン系，アクリル系，ブチル系などがよく使用される。油性にくらべて高価であるが，耐久性にまさる。コーキング材は，用途によって外部用と内部用とに区分され，シーリング材は用途によって金属用，コンクリート用，ガラス用に，耐久性によって1級，2級に区分されている。

その他

点検口

天井点検用，床点検用があり，既製品としての規格寸法は，30 cm角（頭が入るだけ），45 cm角，60 cm角が多い。性能面では，軽量性，堅牢性，密閉性，デザイン性などが要求され，開閉操作方式は天井点検口の場合は取りはずしできるものが便利で，床用はその上を歩行するので取手の仕様が問

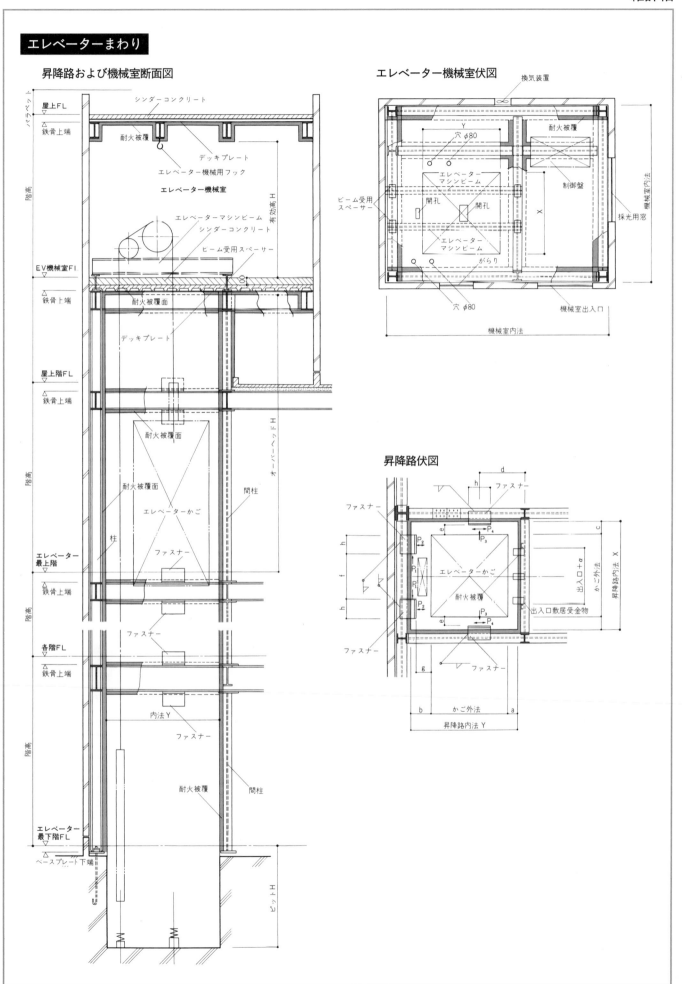

エレベーター出入口まわり

2枚戸中央開きエレベーター例
（ステンレス小枠，石張大枠仕上げ）

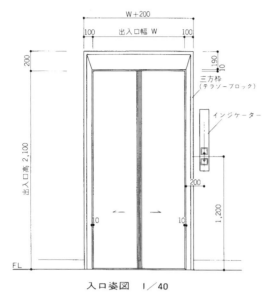

入口姿図　1/40

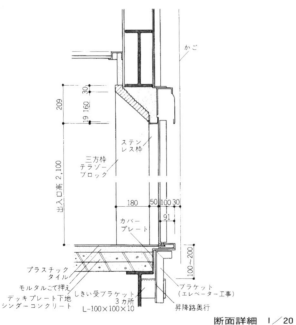

断面詳細　1/20

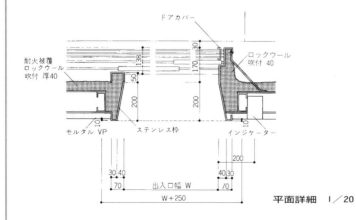

平面詳細　1/20

2枚戸片開きエレベーター例（ステンレス枠仕上げ）

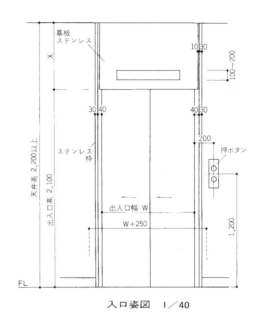

入口姿図　1/40

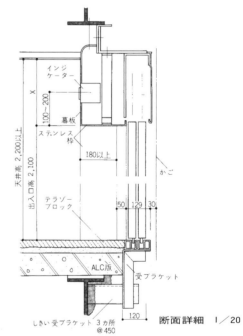

断面詳細　1/20

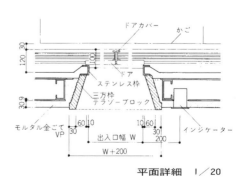

平面詳細　1/20

雑詳細

防煙扉の詳細

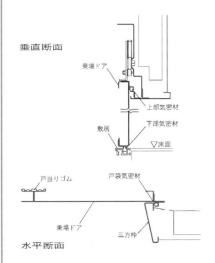

押しボタン

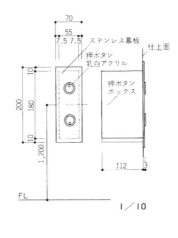

切込みインジケーター

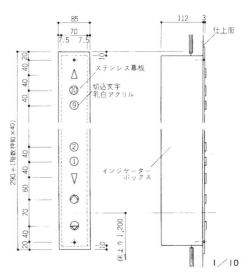

題となる。いずれも進入方向の逆から開けられないことが大切である。

タラップ
ALC版外壁パネルにタラップや手摺を取り付けるときはかなりの重量がかかるので、必ず構造軀体にアンカーするか、座金またはフラットバーなどをあてがい、パネルを挟み込んで取り付ける。

エレベーター機械室および昇降路（シャフト）は鉄骨本柱および間柱などによってその全荷重を基礎に伝達する。

エレベーター機械室は、油圧式の場合を除き、そのほとんどがシャフトの直上に位置し、機能上、階段室と隣接してペントハウスを構成するのが一般である。

エレベーター機械室はエレベーターの機種やその用途によって、その規定による容積を必要とする。

構造的に注意すべき点は、エレベーター機械荷重、制御盤の位置と荷重、機械室天井に機械荷重に見合った吊りフックの検討などである。昇降路は構造体に耐火被覆をした残りの部分で有効内法寸法とし、またガイドを受けるファスナーにそれぞれの方向に荷重を受けるので、これに耐える鋼材を取り付ける。

上図、X、Y、H、（オーバーヘッド、ピット）およびa～hの寸法、出入口三方枠の受材、敷居の受材などは、それぞれの機種により打合せのうえ決定する。

鉄骨造建物全体としてはエレベーター運転時の振動が構造体に影響を及ぼさないよう十分注意することが肝要である。

エレベーターはメーカーによって各部の寸法や納まりが異なるので、出入口枠の納め方も、エレベーターの製作図をもとに施工現寸図を起こして決定する。出入口枠の仕上げ（三方枠）はエレベーター扉と同材、壁面と同一の仕上げ、大理石、テラゾーブロックの石材の使用など種々あるが、欠けやすいコーナー部分の処理は特に注意すべきである。昇降路内法寸法はピット内防水仕上げ後の有効寸法とし、ピット内に基礎（ハンチ）などが出る場合は有効深さをチェックする。また、ピット内には点検用コンセントを設ける。機械室に関しては室内温度が40℃を超えないよう換気設備を設け、燃焼のおそれのある所は防火ダンパーを設ける。機械室、昇降路内には、昇降機に必要なもの以外の配管や配線を設置してはならず、機械室には煙感知器を設けるなど、設備面にも十分配慮して設計すべきである。

エキスパンションジョイント　屋上

露出防水
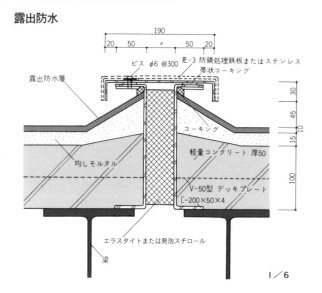

歩行用防水
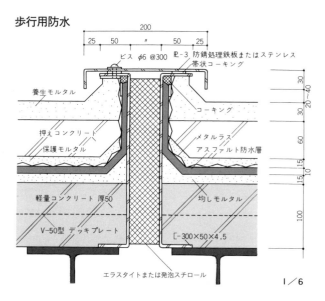

外壁と屋根エキスパンション
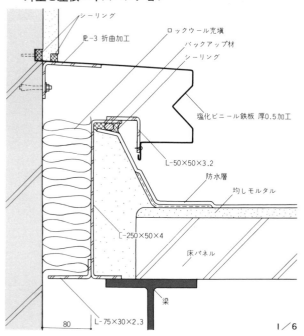

外壁と外壁エキスパンション
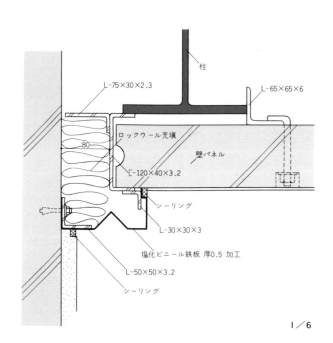

塗り仕上壁と石膏ボード天井　　石膏ボード天井
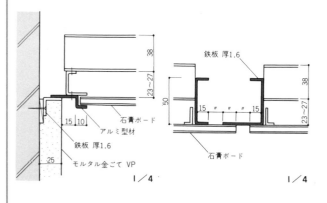

タイル壁
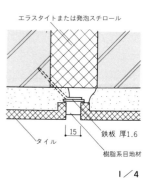

床
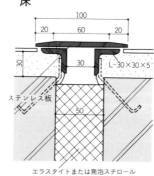

ルーフドレイン

横引型ルーフドレイン

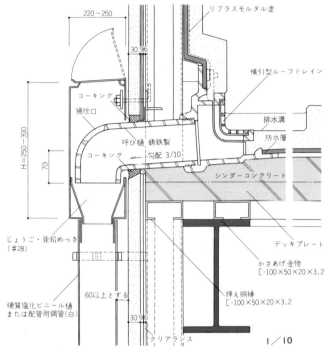

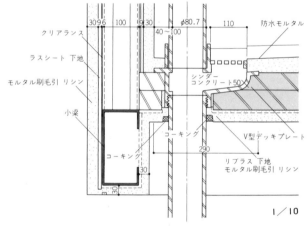

縦型ルーフドレイン

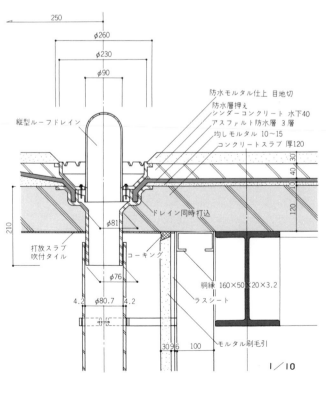

バルコニードレイン

ルーフドレインには屋上用の縦型と横引型のほか，庇，バルコニー用としてフロアドレイン，中継ドレインなどあるが，排水系統も樋の位置との関係を考えて選択する。取付け要領としては，いずれの場合も防水工事前に取り付け，防水モルタルなどで固定し，床の防水層をドレインにしっかり接続する。鉄骨構造におけるドレイン，呼び樋，縦樋については施工上できる限り軀体貫通の形式を避けたほうがよい。コンクリートスラブなどのドレイン取付けは，コンクリート打設時に同時に打ち込んでおく。ルーフドレインの下部または排水管が，室内や天井裏に露出するときは結露しないよう考慮する。縦樋の位置は柱よりずらした位置へもっていく。縦樋のつかみ金物は 1,200〜1,500 mm のピッチで取り付けるとよい。

雑詳細

雑詳細

床：アルミ押出し型材による溝蓋

天井：アルミ押出し型材による点検口

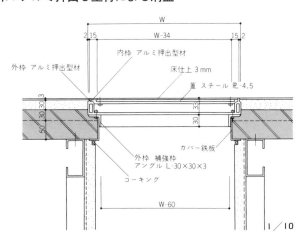
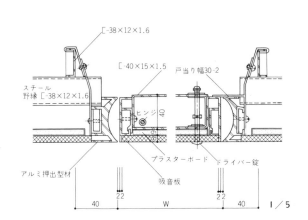

垂直避難口

避難口取付例

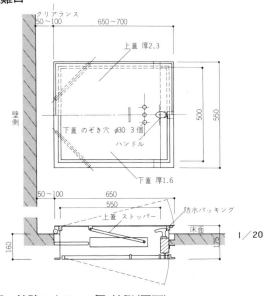
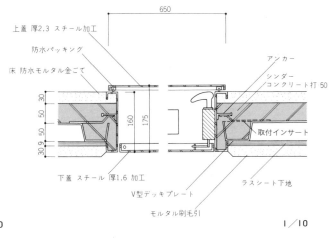

ALC版　外壁のタラップ取付例（平面）

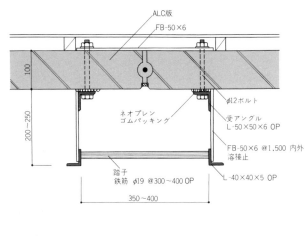
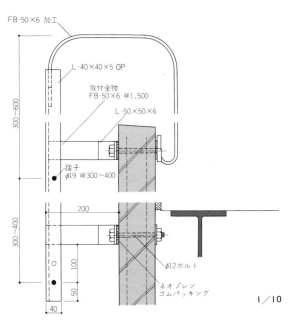

III 鉄骨造の工程

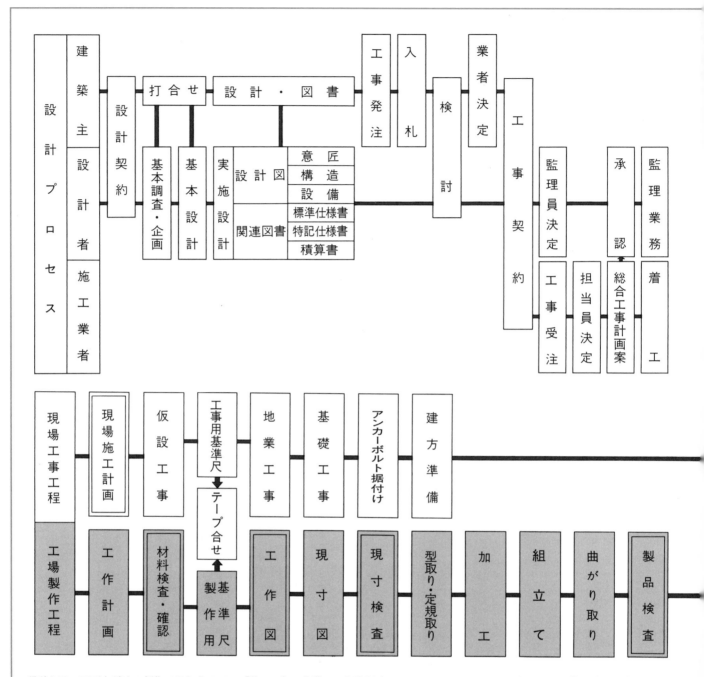

　設計とは，図面上だけの創作ではなく，工事作業までを考えて「設計の具体化」を見通したものでなければならない。

　また，建築主の要望をふまえて社会性，経済性，施工性などを検討して，高い建築学的判断によって，建築の具体化をめざした「指示書」でもある。

　上図に鉄骨工事，工程のアウトラインを工作図として示したが，工程は「工場製作」「運搬」「現場建方」の三つに大別される。

　工場製作は，設計図および施工計画書をオリジナルとして「制作図（工作図）」を作成し，さらに「現寸図」を起こす。必要に応じて模型を作るなど十分な検討のもとに，「型取り」「定規取り」がなされ，板材，形鋼などに「罫書(けがき)」「孔あけ」「切断」が行われる。これらの部材から「柱や梁の製作」「仕口の加工作業」へと進行する。

　「鉄骨構造は各部材の接合により成立する」といわれるように，プレファブリケーション作業の中核を占める溶接，高力ボルトなどによる「接合作業」となる。

　そして，製作された製品は，「曲がり」「歪み」「傾き」といった形状検査，接合部分の溶接検査，締付け検査など各部門の検査を行う。これらが許容範囲ならば，「錆止め塗装」を施し，建設工事全体の工程に従って，現場へ「発送」となる。

　「運搬」は，現場までの道順，途中の障害物の有無，現場の状況などにより，製品の大きさ，重さの制限が考えられるので事前の調査が必要である。

　現場に運ばれた製品は，レッカーなどの機械力を使用し「荷卸し」「製品の確認」をしてから，あらかじめ施工計画に定められた順序によって「建方」を行う。

　建方は，全体またはその一区画まで仮ボルトで「仮締め」をし，全体の歪み，倒れを調整してから「本締め」または「溶接」をして建方作業を完了する。

　工場製作の鉄骨と現場作業の基礎工事，柱脚コンクリート工事との誤差はできる限り少なくすること。これは鉄骨工事そのものの精度誤差に関連し，建築全般にわたる精度にまで波及する。

　設計に表現された思想と技術を具体的に一個の建物として実現するまでには，設計監理の指針のもとにコントラクターの良心的協力を必要とし，それに費やす精神的，労力的エネルギーは相当なものである。設計監理者は設計図書の意図するところが確実

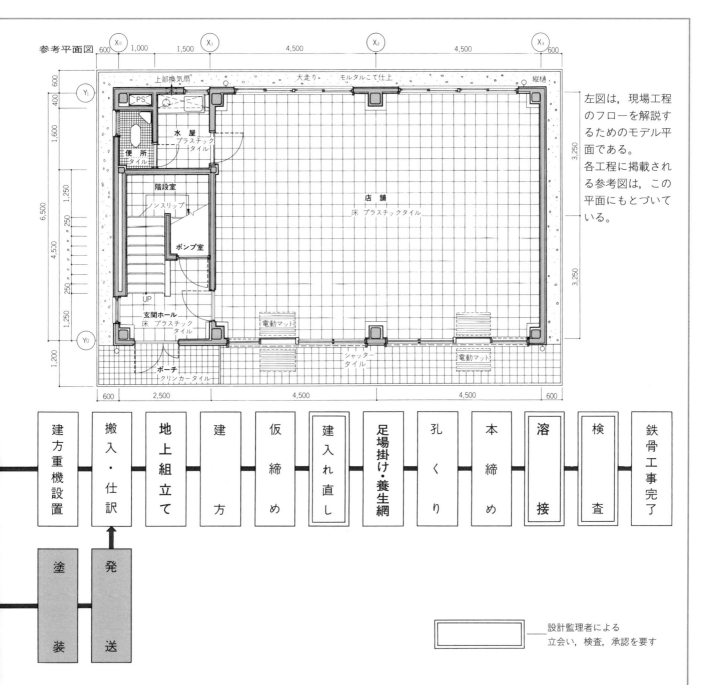

に施工されるよう，前もって指示し，問題点を発掘し，これを一緒になって解決し，より良い完成に仕上げていく「姿勢」が大切で，単なる工事過程の「傍観者」であってはならない。

また，一つの建物の完成までには，数多くの部門を担当する協力業者の工程を経るので，工事に参加するすべてのメンバーのレベルの均一性が大切となる。したがって，建物の規模に応じて，協力業者のメンバー表を提出させて，そのバランスを検討する。鉄骨工事における監理は，設計図にもとづき，「どのように施工するか」の施工計画書をコントラクターから提出させることに始まる。

「施工計画書」は，「鉄骨製作要領」「鉄骨建方要領」の2案からなり，設計図と現場との中間にあって，二つを結び付け，工事に欠陥のないように万全を期するのが目的である。

施工計画書の必要事項

① 作業系統／人員配置の責任体制。

② 使用材料／鋼材，溶接棒および高力ボルト。

③ 使用機械および装置／○○鉄工所のおもな機械設備の一覧表。

④ 工場製作要領／部材の加工，組立て，接合，溶接方法，開先形状，摩擦接合面の処理方法。

⑤ 鉄骨建方要領／レッカー車などの配置，高力ボルトの締付けおよび安全施設の方法。

⑥ 以上，製作と建方の許容誤差の確立。

この「施工計画書」にもとづいてすべての工程が確実になされることを確認する。

施工計画立案に準拠するもの

ⓐ 設計図，特記仕様書

ⓑ 鋼構造設計規準（日本建築学会ⓑ～ⓖ）

ⓒ 鉄骨工事標準仕様書　JASS 6 鉄骨工事

ⓓ 鉄骨工事技術指針，同解説（工場製作編，工事現場施工編）

ⓔ 高力ボルト接合設計施工指針

ⓕ 鋼構造建築溶接部の超音波探傷検査規準

ⓖ 鉄骨精度測定指針

ⓗ 建築工事共通仕様書（国土交通省大臣官房営繕部監修ⓗ，ⓘ）

ⓘ 建築工事監理指針

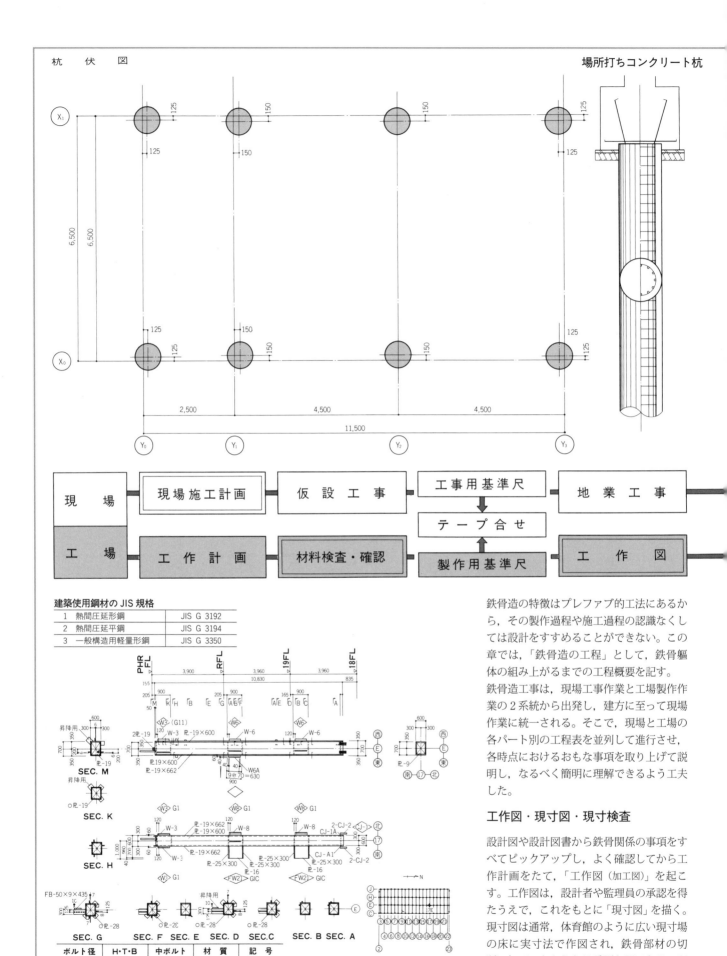

鉄骨造の特徴はプレファブ的工法にあるから、その製作過程や施工過程の認識なくしては設計をすすめることができない。この章では、「鉄骨造の工程」として、鉄骨軀体の組み上がるまでの工程概要を記す。

鉄骨造工事は、現場工事作業と工場製作作業の2系統から出発し、建方に至って現場作業に統一される。そこで、現場と工場の各パート別の工程表を並列して進行させ、各時点におけるおもな事項を取り上げて説明し、なるべく簡明に理解できるよう工夫した。

工作図・現寸図・現寸検査

設計図や設計図書から鉄骨関係の事項をすべてピックアップし、よく確認してから工作計画をたて、「工作図（加工図）」を起こす。工作図は、設計者や監理員の承認を得たうえで、これをもとに「現寸図」を描く。現寸図は通常、体育館のように広い現場の床に実寸法で作図され、鉄骨部材の切断・加工のもととなる重要な図である。現寸図は部材製作のもととなる図であるから、最近はコンピューター技術の発達で、

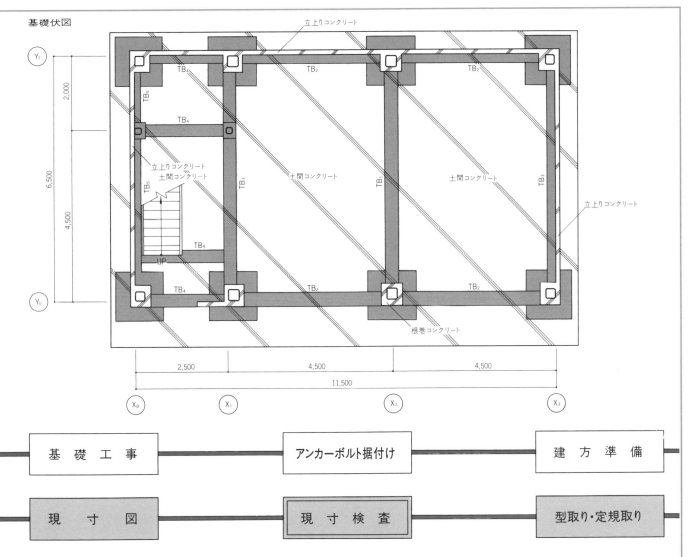

基礎伏図

| 基礎工事 | アンカーボルト据付け | 建方準備 |

| 現寸図 | 現寸検査 | 型取り・定規取り |

特殊な架構以外はCAD利用による現寸図の作成も多くなっている。
設計関係員や工事関係員立会いのうえ，十分な「現寸検査」を行う。

現寸検査のチェックポイント

寸法チェック

① 平面上の寸法チェック。平面基準心や通り心などと鉄骨柱心との関係。スパン寸法のチェック。

② 高さ寸法チェック。全高，軒高，階高，構造勾配の押え寸法，床仕上げ面との寸法関係。

接合部チェック

柱・梁などの溶接仕口，開先形状のチェック。

貫通孔のチェック

設備用梁貫通孔の位置，形状，補強方法のチェック。設備は変更が多いので，現場での孔あけの追加がないように注意する。

型取り・定規取り

床に敷かれた薄い鉄板に原寸大の型を取ることを「型取り」，現寸図から細長い部材のリベット間隔や切断長さをきめる定規を

① 現寸検査

② 定規取り

作ることを「定規取り」という。

テープ合せ

JIS規格で規定されているスチールテープでも，許容範囲内での誤差がある。現場での測量や心出し，工場での鉄骨製作，この相互間に使用するテープが照合されていないと，建方のとき基礎と鉄骨軀体のスパンが一致しない。そこで，現場作業の開始に先立って，現場と鉄骨製作に使用するスチールテープを照合して工事の正確を期する。これを「テープ合せ」という。

アンカープレートを取り付けたボルト固定

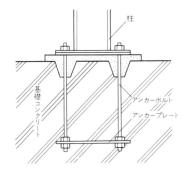

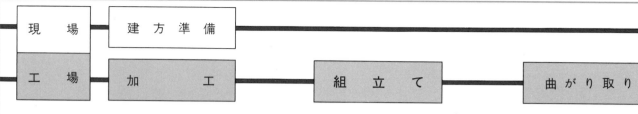

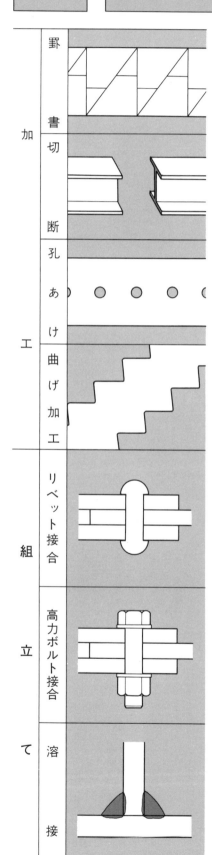

加工

鋼材加工は,「切断」「孔あけ」「曲げ」に大別され,現寸図による型板をもとにスコヤーや罫書針などを使用して鋼材にそれらの加工位置を記入する「罫書」から始められる。

鋼材切断には,「ガス切断」「鋸切断」「剪断切断」の方法がある。切断加工で注意すべき点は,加工時に生じやすい切断面の「まくれ」「疵(きず)」および部材の「歪み」などの修正である。切断面は,グラインダー,ロータリープレーナーなどによる研磨仕上げを行い,部材は変質させないよう「歪み」を矯正する。

工場作業の孔あけは,材厚の薄いものは,「打抜き(ポンチあけ)」,一般には「もみ抜き(ドリルあけ)」の方法による。孔あけは,数,位置,間隔を確認し,孔周辺の「まくれ」および素材の「歪み」を取り除いて,組立てに支障のないよう処理する。組立ての際,孔心が一致しない場合は,リーマーを通して「孔くり」を行い不ぞろい部分を削り落とす。

接合・組立て

接合に先立ち,素材に,曲がり,ねじれ,歪みの変形がないかを確認し,溶接箇所については,肌隙や汚れがないか,開先の角度,ルートギャップ,エンドタブ,接合部の清掃状態の点検を行う。また,高力ボルト接合箇所は,切断や孔あけの加工部分の仕上がり程度,接合接触面が接合方法に適した状態にあるかなどの点検を行う。

溶接接合

建築鉄骨工事では,一般に「アーク溶接」で行い,完全溶込み溶接,隅肉溶接などによって接合を行う。

高力ボルト摩擦接合

ボルトの締付け力により,材間に働く摩擦力で応力を伝達する。したがって,接合摩擦面に摩擦係数の増大をはかる処置を行い,締付けトルクにも十分注意する。

リベット接合

リベットの剪断耐力によって接合する方法で,リベットを熱し,赤めて,リベット孔に差し込み,圧縮して頭を成形し,接合する。騒音や火災の面で問題となる。

③ 切断

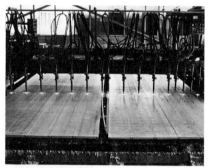

④ 孔あけ

製品検査・塗装・発送

組み立てられた柱・梁などの鉄骨部材は,設計監理員立会いのうえ,製品検査が行われる。

検査の要点は,「寸法」「曲がり,反り,組立て角度の歪みなど製品形状」「リベットや溶接によるジョイント部分の仕上がり状況」「X線や超音波探傷器による内部的な性能チェック」がおもな対象となる。ここでの見落しは,発送後,現場組立てに重大な支障をきたすので,入念に検査を行い,不良なものは完全に修正する。

合格製品は塗装工程に進行するが,その種別や程度は仕様書によって確認する。継手や現場溶接の接合部分に塗装を行ってはならない。塗装完了後,現場組立てに備えて各部材に部材番号,方向などのマーキングを記入する。

部材は,現場での建方順序に従って発送される。運搬中,変形や損傷のおそれのある部材には十分な養生をなすこと。輸送がスムーズに行われないと,現場作業に影響するので,運搬計画には万全の配慮が必要である。

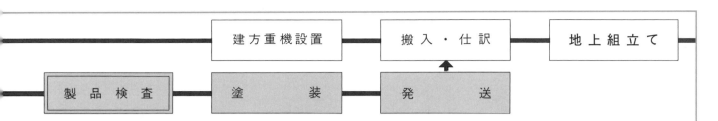

⑤ 溶接　　　　　　　　　⑥ 組立て　　　　　　　　　⑦ 超音波探傷器による溶接部検査

  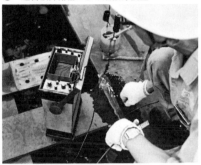

⑧ 製品検査　　　　　　　　⑨ マーキング　　　　　　　　⑩ 塗装

撮影：彰国社写真部 和木 通　協力：(株)横河橋梁製作所（東京支店　千葉工場）

アンカーボルト据付け

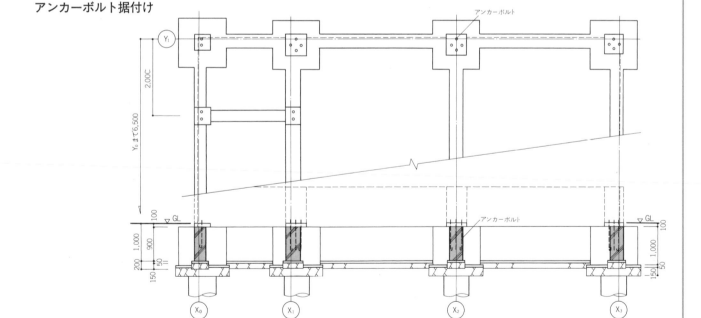

建方準備

鉄骨部材の工場製作が終了するころ，現場では地下構築部分または基礎工事が終わり，建方準備の段階となる。建方前に，鉄骨柱ベースプレートのレベル調整として，モルタルの定規台設置，またはアンカーボルトにダブルナットを取り付けるなどの作業が行われる。アンカーボルトの養生が完全であるか，その出が取付けに十分の長さがあるか，周辺の鉄筋がベースプレートに当たらないかをチェックする。

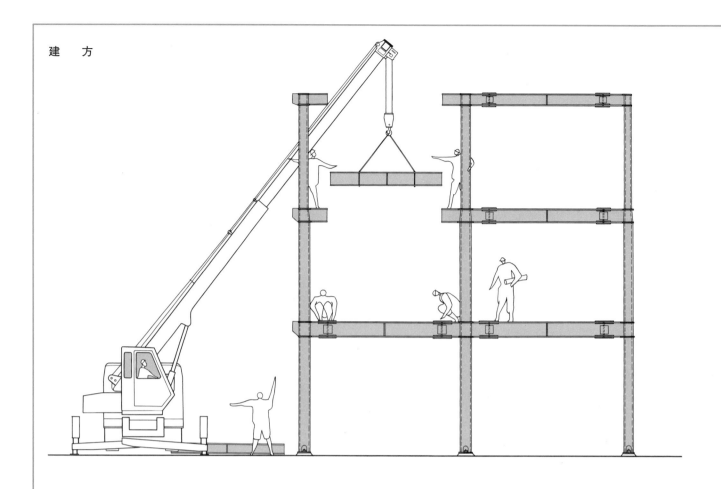

建方

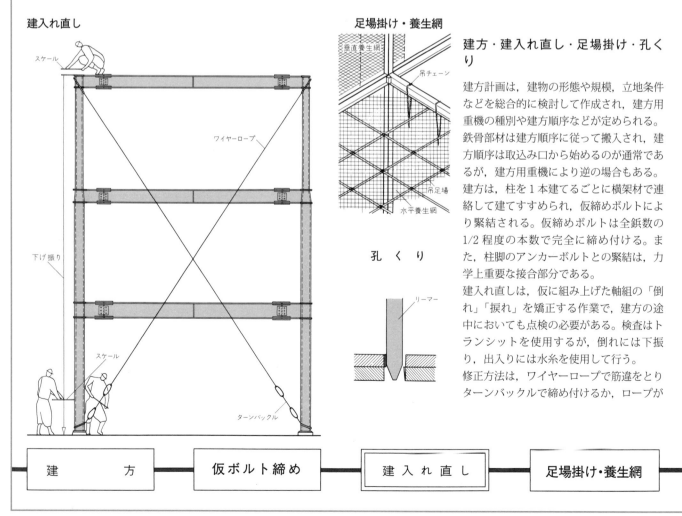

建入れ直し

足場掛け・養生網

孔くり

建方・建入れ直し・足場掛け・孔くり

建方計画は，建物の形態や規模，立地条件などを総合的に検討して作成され，建方用重機の種別や建方順序などが定められる。鉄骨部材は建方順序に従って搬入され，建方順序は取込み口から始めるのが通常であるが，建方用重機により逆の場合もある。建方は，柱を1本建てるごとに横架材で連絡して建てすすめられ，仮締めボルトにより緊結される。仮締めボルトは全鋲数の1/2程度の本数で完全に締め付ける。また，柱脚のアンカーボルトとの緊結は，力学上重要な接合部分である。

建入れ直しは，仮に組み上げた軸組の「倒れ」「捩れ」を矯正する作業で，建方の途中においても点検の必要がある。検査はトランシットを使用するが，倒れには下振り，出入りには水糸を使用して行う。

修正方法は，ワイヤーロープで筋違をとりターンバックルで締め付けるか，ロープが

建方 → 仮ボルト締め → 建入れ直し → 足場掛け・養生網

建方完了

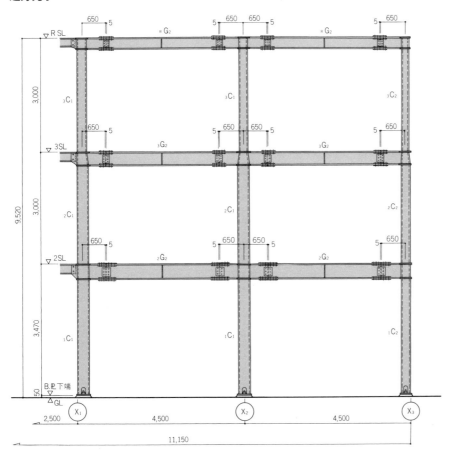

高力ボルトの最小縁端距離

呼び出	ボルト孔径	最小縁端距離			ピッチ	
		(1)	(2)	(3)	最小	標準
M 16	18.0	40	28	22	40	60
M 20	22.0	50	34	26	50	70
M 22	24.0	55	38	28	55	80
M 24	26.0	60	44	30	60	90

張れない場合は柱のジョイント部分にジャッキを仮に取り付けて柱の倒れを修正する。

高さの調整は，仮設支柱にジャッキ使用をする。構造体は完成するまで所定の耐力をもたないから，建入れ直しの修正施設は本締め完了まで取りはずさないこと。

足場掛けは，次の本締め，溶接作業などのために吊り足場を掛けることで，養生ネットは落下防止の対策である。吊り足場は，鋼管などを足場材として井桁に組み，梁から吊りチェーンでもたせたもので，作業に応じて高さの変更ができる。

養生ネットには，水平に張ったものと，垂直に張ったものとがある。

締め付けに先立ち，高力ボルトの孔心が一致しているかを確認する。孔径の不ぞろいのものは，その程度に応じてリーマーを通して孔くりを行う。孔が円形でないもの，部材に垂直方向でないものにも，リーマーがけを行って孔心を一致させる。

本締め・溶接・検査

建入れを直した軸組を，本締めボルトで本式に締め付ける。

高力ボルトは，標準ボルト張力が出るよう締め付ける。締付け不足や締付け過剰では，適正な耐力が得られない。また，トルク検査によって不合格ボルトが出た場合は，そのボルトを含む一群のボルト全部をチェックする必要がある。溶接は，設計図書に示された開先加工の形状と，正しいルート間隔による作業が基本である。本締め工程が完了すると，係員による検査を行い，吊り足場などをはずして鉄骨軀体完了となる。

軀体完了後の工程

鉄骨軀体が組み上がれば，工程は床版，外壁版，屋根版の取付けに入るが，前もって各部位別，各材種別に施工計画を起こし，施工図，仕様書を作成して係員の承認を得ておく。また，施工順序も検討して，その段取りを行う。現場は，建物軸線の基準となる基準墨出しを鉄骨軀体に施す。基準墨には，部材の中心を示す心墨，水平を表示する陸墨，また，直接墨出しできない箇所には，基準線より一定の距離を離して行う逃げ墨などがある。基準墨が出ると，各材種別ごとに施工墨を出す。

鉄骨造は，基準となる線が，鉄骨の柱心とは一致しない場合が多いので注意しなければならない。各部位材の取付け事前工事として，間柱，胴縁，受材，補強材，専用取付け金物，などの取付けを行う。

孔くり → 1次締め → 本締め・溶接 → 検査 → 鉄骨軀体完了

| ALC版工程 | 施工図・仕様書 | 墨 出 し | 版取付け事前工事 | パネル用金物取付け |

ALC版工事の工程

建築生産の工業化は、鉄骨造とプレキャスト建材との組合せを促進させた。なかでも鉄骨造とALC版との構成は、中小規模鉄骨造に最も多く見られるものである。これは、ALC版がもつ軽量性・経済性などの特性が、構造材パネルのなかで、ALC版の使用を最も普遍的にした原因であろう。そこで、鉄骨造工程を継続してALC版の施工工程の概要を記載する。工場生産されたパネルと現場に建ち上がった鉄骨軸組との出合いは、建方のケースと同じで、鉄骨軸組の精度がパネル取付けに大きく影響する。構造材パネルの場合は、あとで部材補強やパネル加工などの手直しがないよう、あらかじめ製品規格、性能、強度を調べてから設計にかかる。

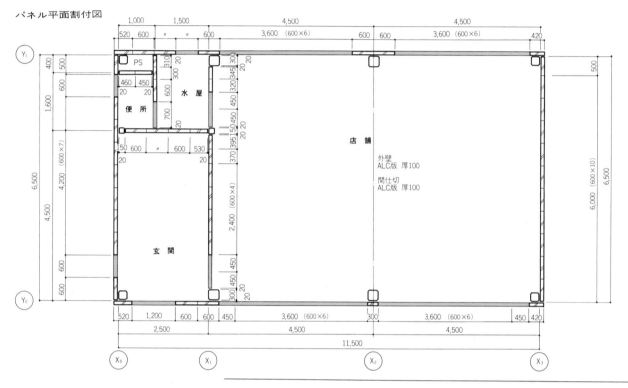

パネル平面割付図

施工図

設計図や設計図書をもとに作成された施工図により、使用パネルの形状、パネル割付け、設計荷重の算定、耐火時間の確認、工事範囲など各仕様を点検して、支障がなければ承認を出す。

墨出し

基準墨

工事の基準となる通り心墨、逃げ墨や高さの基準墨を階ごとに墨出しする。

パネル取付け施工墨

基準墨にもとづいて、パネル取付けに必要な施工墨を出す。

パネル取付け事前工事

墨出し後、基礎天端処理、取付け下地平滑処理、受けアングル、胴縁、補強梁、方立など軀体に取り付く下地工事、パネル取付け後施工困難な鉄骨面の事前塗装などを行う。

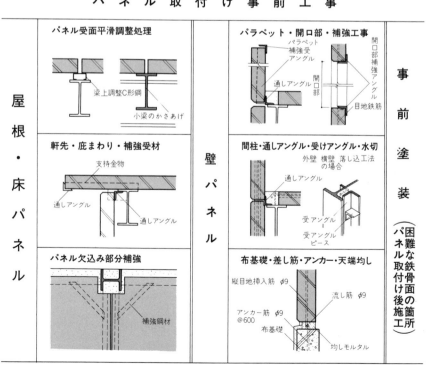

パネル取付け事前工事

| パネル搬入 | パネル取付け | 補修・調整 | シーリング | 検査 |

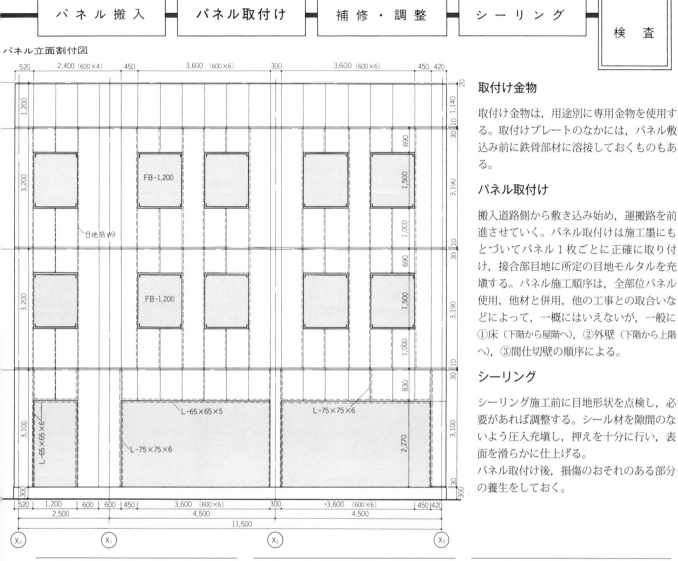

パネル立面割付図

取付け金物

取付け金物は，用途別に専用金物を使用する。取付けプレートのなかには，パネル敷込み前に鉄骨部材に溶接しておくものもある。

パネル取付け

搬入道路側から敷き込み始め，運搬路を前進させていく。パネル取付けは施工墨にもとづいてパネル1枚ごとに正確に取り付け，接合部目地に所定の目地モルタルを充填する。パネル施工順序は，全部位パネル使用，他材と併用，他の工事との取合いなどによって，一概にはいえないが，一般に①床（下階から屋根へ），②外壁（下階から上階へ），③間仕切壁の順序による。

シーリング

シーリング施工前に目地形状を点検し，必要があれば調整する。シール材を隙間のないよう圧入充填し，押えを十分に行い，表面を滑らかに仕上げる。
パネル取付け後，損傷のおそれのある部分の養生をしておく。

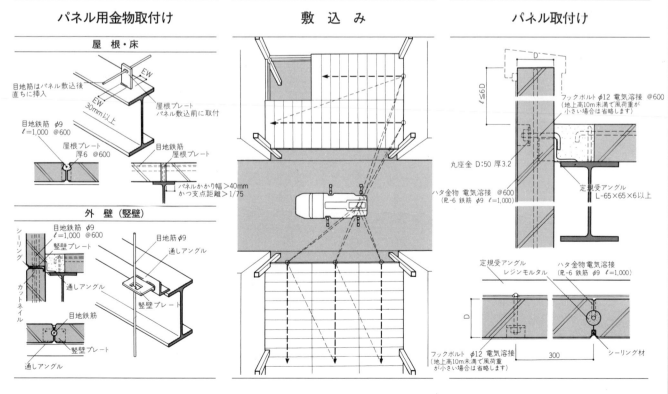

著者略歴

伊藤高光（いとう　たかみつ）
- 1927年　埼玉県生まれ
- 1951年　早稲田大学第一理工学部建築学科卒業
　　　　　卒業と同時に建築事務所に勤務
- 1964年　伊藤高光建築設計事務所設立
- 2007年　死去
- 著　書　『木造の詳細1. 構造編 新訂三版』『木造の詳細2. 仕上げ編 新訂版』（以上共著，彰国社）
　　　　　『住まいの図集 間取りの上手なまとめ方』（彰国社）

古谷幸雄（ふるや　ゆきお）
- 1936年　広島県生まれ
- 1961年　武蔵工業大学建築科卒業
　　　　　広瀬鎌二建築技術研究所入所
- 1965年　企画設計新社
- 1999年　エヌディーエヌ企画設計
- 著　書　『木造の詳細1. 構造編 新訂三版』『木造の詳細2. 仕上げ編 新訂版』（以上共著，彰国社）

武田照雄（たけだ　てるお）
- 1935年　宮崎県生まれ
- 1957年　関東学院大学工学部建築学科卒業
　　　　　石井勇建築研究所入社
- 1965年　武田建築構造設計室設立
- 1970年　武田建築構造設計事務所に改組
- 著　書　『構造計算の実務―知っておきたい根拠と常識―』
　　　　　（共著，建築技術）

鉄骨造入門　改訂第三版――設計の基本とディテール

- 1982年 7月10日　第1版　発　行
- 1993年 6月10日　改訂第1版　発　行
- 2008年 10月30日　改訂第2版　発　行
- 2016年 8月30日　改訂第3版　発　行
- 2024年 10月10日　改訂第3版　第3刷

著　者　伊　藤　高　光
　　　　古　谷　幸　雄
　　　　武　田　照　雄

発行者　下　出　雅　徳

発行所　株式会社　彰　国　社

162-0067　東京都新宿区富久町8-21
電話　03-3359-3231（大代表）
振替口座　00160-2-173401

印刷：真興社　製本：誠幸堂

著作権者との協定により検印省略

Printed in Japan

© 古谷幸雄（代表）2016年

ISBN978-4-395-32072-1　C3052　https://www.shokokusha.co.jp

本書の内容の一部あるいは全部を，無断で複写（コピー），複製，および磁気または光記録媒体等への入力を禁止します。許諾については小社あてご照会ください。